相手の心をつかんで離さない

10の法則

Do to others what you would have them do to you.

Kurt W. Mortensen

カート・モーテンセン
弓場 隆［訳］

Discover

説得とは、相手の考え方・行動・決断などを
自分の望む方向に動かすことである。
ただし、その人が快く動いてくれるのでなければ、
正しい説得とは言えない。

はじめに――ストレスなく人を動かしたいあなたへ

本書には、人々をよりよい人生へと導くための秘訣が書かれている。この秘訣は営業だけでなくあらゆる職種にも使えるし、経営者や上司として部下を指導するとき、親として子どもを育てるとき、妻や夫として配偶者と心地良く共同生活したいとき、そして、恋人や片思い中の相手とうまく関係を構築したいときにも使える。

みなさんがそれぞれの夢を実現させることを、手助けできるとはなんと嬉しいことだろう。

私は長年にわたり、世界中の大勢の人々を指導し、成功への手ほどきをしてきた。

この経験から、自分の能力をいかんなく発揮して人生で多くのことを成し遂げたいと願うなら、人に動いてもらうために、相手の心をつかんで離さない技術を身につけることが最も大切だということに気づいたのだ。

想像してみてほしい。

相手の心をつかまないまま、経営者として組織を運営し、上司として部下を指導し、親として子どもを育てることが、はたしてうまくできるだろうか？

私は今まで多くの会社と関わり、旧態依然とした経営手法を何度も目の当たりにした。すなわち「仕事をしろ、さもなければクビだ！」である。

このやり方は短期的には社員を服従させることができるが、長期的には反感、怒り、不信感の温床になる。要するに、労使双方にとってプラスになるような方法ではないのだ。策略や脅しでは、相手へ長期的な影響をおよぼすことは決してできない。

そこで私は、労使双方にとってプラスになる「人を動かす技術」を模索してきた。

そして、最善の策は相手の心をつかみ、品格を保って誠実な気持ちで影響をおよぼすことだという答えにたどり着いた。

そうすることで、相手はあなたを心から信頼し、あなたに説得されたいと願うようになり、あなたのしてほしいことを喜んでしてくれるようになるだろう。

相手の心をつかんで離さない10の法則　もくじ

はじめに——ストレスなく人を動かしたいあなたへ　2
プロローグ——法則を使えば人が快く動いてくれる　10

心をつかむ法則 1——ほめる　14
心をつかむ法則 2——貸しをつくる　34
心をつかむ法則 3——出し惜しみする　46
心をつかむ法則 4——期待をかける　62

心をつかむ法則 5 「みんなやっている」と思わせる 76
心をつかむ法則 6 責任を感じてもらう 88
心をつかむ法則 7 連想させる 104
心をつかむ法則 8 感情と理性の両方に訴える 124
心をつかむ法則 9 絆をつくる 134
心をつかむ法則 10 関わってもらう 158
解説 182

Maximum Influence:
The 12 Universal Laws of Power Persuasion,
Second Edition.

Published by AMACOM, a division of the American Management Association, International, New York.

Japanese translation rights arranged with AMACOM,
a division of the American Management
Association, International, New York
through Tuttle-Mori Agency, Inc., Tokyo

相手の心をつかんで離さない10の法則

プロローグ――法則を使えば人が快く動いてくれる

私が本書の中で「心をつかむ法則」と言っているのは、「相手を説得する」「相手に影響をおよぼす」「相手のモチベーションを高める」ための秘訣のことである。

これらを身につければ、人生の主導権を握ることができる。

なぜか？　あなたが人生で手に入れたいものは、すべてこの3つによって実現するからだ。

ひとたびその法則を学べば、あなたは人々に影響を与え、行動を起こさせ、人生で手に入れたいものを手に入れることができる。さらに、セールスやマーケティングで飛躍的に業績を伸ばすことができる。

要するに、あなたは成功を引きつける磁石のような存在になるのだ。

ただし、これらの法則を完璧に理解し応用しているのは、世界の総人口の1パーセントにも満たない。

販売やマーケティングにたずさわっている人たち、リーダーシップをとる人たちだけが、心をつかむ技術を学べばいいというのは大間違いだ。営業マン、経営者、管理職、弁護士、コーチ、講演家、広告業者、医師、親……。すべての人にとって心をつかむ技術は欠かせない。

多くの人が気づいていないのは、誰しもが日々、人の心をつかもうとしているということだ。人々はたえず相手を研究し、自分のしたいことを相手にしてもらおうとしている。

相手の心をつかんで他人と協調して働くことができない人は、人生で成功をおさめることはできない。何から何まで自分の力だけでできる人は一人もいないからだ。

私たちは社会の中でおたがいに関わりあって暮らしている。私たちの業績のすべてが、周囲の人々の支援と協力の賜物なのだ。

だからこそ、人と人の関係を築き、相手の心をつかんで離さない能力が、成功には不可欠といえる。

そこで、現実をよく見てほしい。

大多数の人々にとって、心をつかむ技術は先天的に持っているものではない。確かに、生まれつき外向的な雄弁家もいる。だが研究によると、心をつかむ達人の中には内向的な性格の人が少なからずいる。

ましてや、本書で紹介する10の法則をすべて使いこなしている人に出会ったことは一度もない。ほとんどの人はここにあるような法則の2つか3つしか使っておらず、トップクラスの営業マンですら、7つか8つしか使っていない。

それをたとえて言うなら、華麗なピアノソナタを演奏するだけの能力があるのに、片手の人差し指だけで初歩的な練習曲を弾いているようなものだ。じつにもったいないことではないか。

どの分野でも本当のプロになるためには、たゆまぬ努力が必要だ。平凡な業績で満足してはいけない。基本的な技術を毎日磨きつつ、さらに新しい技術を取り入れなければ、卓越した業績をあげることは不可能だ。非凡さは、知識と学習と練習の賜物である。

本書で伝授する10の法則を網羅的にしっかり学んで、じょうずに使えば、確実にあなたの世界は変わる。

心をつかむ法則 1

ほめる

[Esteem]

心をつかむ法則 1

ほめる

私たちはみな、ほめられたいと思っている。いくらほめられても、もっとほめてほしいというのが本音だ。

ほめられることは、人間の最も深い欲求なのである。19世紀末から20世紀初頭にかけて活躍した有名な心理学者で、ハーバード大学教授も務めたウィリアム・ジェームズは「人間性の最も根源的な特徴は、自分を高く評価してほしいという願望を持っていることにある」と言っている。

ほめ言葉は相手の行動を変える力を持っている。ほめられた相手は、自分が大切にされていると感じるからだ。

ほめられた人は、ほめられた内容が正しいことを証明しようとするだけでなく、ほめてくれた人の言うことなら素直に聞く気になる。誰でも、自分をほめてくれる人にはなかなか逆らえないのである。

■人はほめられると協力的になる

ほめることは、〝相手に受け入れられること〟と密接につながっている。私たちはみな、自分を受け入れてほしいと思っている。自分の行動が組織や社会に役立っていると感じたいし、もっといえば、人々から尊敬されたいとさえ願っている。

こうした心の声を理解すれば、何を言えばいいかがわかるだろう。その人の存在や協力が不可欠であることを伝えれば、相手に「自分は受け入れてもらっている」と感じてもらうことができる。「自分は無条件に受け入れられているのだ」とその人が感じたら、疑念や恐怖心はすぐに消え去る。

政治家が選挙区で遊説している様子を思い出してほしい。候補者は群集の中に入って、できるだけ多くの人と目を合わせながら握手をし、支援者一人ひとりに「この候補者を当選させるために協力してあげなければならない」と感じさせようとする。この人間的なふれあいが、大勢の人々に候補者を勝利に導こうと手を差し伸べさせる動機づけになる。

心をつかむ法則 1

ほめる

■自己肯定感とは？

「自己肯定感」と「プライド」と「自尊心」の違いについて、説明しておこう。「ほめる」という技術を効果的に使うためには、これらの関係をはっきりと理解しておくことが重要なのだ。

自己肯定感とは、「自分の価値を認め、人間としての尊厳を保つ気持ち」のことだ。自己肯定感が、心をつかむ技術とどういう関係があるのかというと、相手の自己肯定感を高めることが、その人の心をつかむうえで最も重要なことのひとつなのだ。

どうしたら、この人——お客様であれ、部下であれ、上司であれ、あるいは、子どもや生徒、配偶者や恋人であっても——の心をつかむことができるのだろうと、途方に暮れてしまったときは、これから述べることを参考に、その人に「自分は高く評価されている」と感じさせる方法を考えてみよう。それが正しい出発点になる。

さて、自己肯定感の高い人は、寛容で快活で楽天的で、いっしょにいて楽しい。自分の要求をしっかり満たそうとするが傲慢ではなく、ほかの人の要求にも配慮する。

自己肯定感の高い人は精神的に強くて安定しているから、批判されても動じない。自分が間違っているときは、それを認めることができる。ビジネスでもプライベートでも、自信に満ちている。学業には、ＩＱより自己肯定感のほうが重要だと指摘している研究もある。収入にも影響をおよぼすことを指摘する研究もある。

しかし残念ながら、大多数の人々の自己肯定感は低い。その結果、人を信頼することができない、攻撃的な行動をする、悪口を言う、誰かに反感を抱く、他人を批判する、批判されることに耐えられない、グズグズする、ほめられても素直に受け取ることができない——これらは、自己肯定感が低い人の特徴だ。

アメリカの国民の3人に2人は自己肯定感が低いために苦しんでいるといっていいだろう。子どもの発達に関する研究で、小学3年の初めには子どもたちの約80パーセントが高い自己肯定感を持っていたのが、小学5年になるころには20パーセント程度に下がり、高校3年になるころにはわずか5パーセントにまで激減することがわかった。

多くの人は、自分の学力や容姿、学歴などについて自信が高く持てず、苦しんでいる。その原因は2つある。

1つには、自分の外見や持っているものがどうあるべきかをメディアや広告がたえず訴えかけてくることだ。流行の髪型や服装、魅力的な容姿をメディアに見せつけられ、自分が劣っていることを痛感させられる。こうしたイメージ戦略によって、「今のままではダメだ」「もっとよく直していかなければ」と思い込んでしまうのだ。

私たちが低い自己肯定感に苦しむことになる、もう1つの原因は、自分の基準ではなく他人の基準によって自分を判定しようとすることにある。

他人の基準をクリアしなければならないという思いに縛られていては、みじめになるだけだ。他人のようにできないと、「自分はどこかおかしいのではないか」とさえ感じるようになってしまう。

■ プライドとは?

一般に、プライドと自己肯定感は同義語として使われているようだが、実際にはこの2つは正反対のものだ。たいていの場合、プライドは自分の弱みや不安を隠すための手段であり、自己肯定感の低さを示す危険信号なのだ。

　プライドの高い人は、自分のことをよく思っていない。そこで自分の重要性を確認するために、他人をいじめたり非難したりする。

　それに対し自己肯定感が高い人は、自分に自信を持って精神的に安定している。自己肯定感の高い人は他の人を助けるだけの精神的余裕があり、周囲からどう思われようと気にせず、自分の豊かな部分に目を向け、充足感に包まれている。

●プライドと自己肯定感の違い

プライド	**自己肯定感**
外的な安定	内的な安定
不足感	充足感
自分と他人を比較する	自分と他人を比較しない
所有物や地位に価値を見いだす	自分に価値を見いだす
他人をこき下ろす	他人をほめる
誰が正しいかにこだわる	何が正しいかを考える

ほめる

プライドとは、自分と他人を比較し、自分のほうが上であると思うことで得られる感情だ。だから、プライドの高い人は、他人より多くのものを手に入れたり、誰も持っていないものを持ったりすることに楽しみを見いだす。しかし、その楽しみは長くは続かない。もっといい物やもっとすぐれた人が現れる可能性が常にあるからだ。

プライドは、所有物や学位、影響力、地位などの外的なものに安定と喜びを見いだそうとする感情でもある。

- アイデアや提案をしても功績を認めてくれない
- 問題の改善を申し出ても実行してもらえない
- 励ましてくれない・意見を言わせてもらえない
- 作業の進捗状況を知らせてくれない
- えこひいきをする

これらの原因はすべて、自尊心を傷つけられることによるものだ。

一方、工事現場の監督と作業員の関係を調査したミシガン大学の心理学者のチームによると、作業員を働かせようとして威張り散らすタイプよりも、作業員から慕われるタイプのほうが、作業員が効率よく働くことがわかった。そのほか、複数の研究で、従業員が効率よく働くのは自分の努力を認められたときであることが確認されている。

私たちは誰もが、自分の自尊心をいつも満たしてほしいと願っている。自分の価値を認めてもらい、大切にされていることを確認したいと思っている。だから、あなたが、その人の心をつかみたいと思うのなら、自尊心を満たしてあげるのがよい。

■相手の自尊心を満たすには「ほめる」こと

では、どうしたら、相手の自尊心を満たすことができるのか？

それには、誠実な気持ちで相手をほめることだ。もしあなたがブティックの販売員だとしたら、試着中のお客様に「そのお洋服はとてもよくお似合いです」と誠実な気持ちでほめればいい。お客様は喜んでその服を買うだろう。買ったほうも売ったあなたも気分がよくなり、双方が得をする。

あるいは、「スタイルがよくていらっしゃいますね。日ごろ運動して鍛えておられるのですか?」と質問するのもいい。逆にあなたがお客の立場で、販売員にそう言われたことはないだろうか。そんなとき、「やっぱり、わかりますか?」とうれしくなって、ついついその店の売り上げに貢献する結果となったのではないだろうか?

イギリスのオグルソープ将軍のエピソードはたいへん参考になる。

新大陸に植民地を建設するためには国王ジョージ2世の許可が必要だった。ところが、どれほど陳情しても国王の気持ちをつかめない。そこで将軍は名案を思いついた。

国王にちなんだ名前を植民地につけることを提案したのだ。ジョージ2世はそれを聞いて態度を急変させた。植民地の建設を許可しただけでなく、惜しみなく財政支援をし、必要な人材を派遣することを約束したのだ。これがジョージア州という名称の由来である。

このように、目上の人と接するときは、自尊心のルールを心得ておくとよい。

上司によい印象を与えるには、部下と接するときとは異なる接し方を心がけるべきだ。上司が「自分のほうが上だ」ということを実感して心地よくなるようにしなければならない。

だから、上司に自分の才能をアピールしようとしてやりすぎるのは禁物だ。やりすぎると、上司に恐怖心と不安感を与えてしまい、逆効果になりかねない。

一般に、弟子が師匠より目立つと、師匠の自尊心が傷つく。師匠は弟子より常に優位に立っていたいと思うものなのだ。

■相手の機嫌をとることは悪いことではない

「ご機嫌とり」というと、多くの人は眉をひそめるかもしれないが、相手の心をつかむうえでの効果は決して無視できないし、多かれ少なかれ、誰もが相手への気配りとして行っているはずだ。

ある研究によると、ご機嫌とりをする人のほうが有能で、意欲があり、上司から高く評価されることがわかった。別の研究では、ご機嫌とりをする部下は自分と同僚と

心をつかむ法則 1

ほめる

上司の仕事の満足度を高めることがわかった。さらに別の研究では、ご機嫌とりをする人は、しない人より仕事ぶりを5パーセントも高く評価されることがわかった。

あなただって、気の利いたほめ方をされれば、それが自分に取り入るためのものだとわかっていても、悪い気はしないはずだ。

私たちは、いつだって称賛に飢えているのだ。ましてやそれが本当に心のこもった本心からのものだとしたら、どれだけの力になるだろう。

誠実なほめ言葉は、相手の自尊心を高め、その人に大きな影響を与えることができる。誠実な気持ちでほめると、相手の心の中にエネルギーが発生するのだ。あなたにも経験があるはずだ。私たちはほめられると、思わず顔をほころばせ、幸せなオーラを漂わせるものなのである。

他にも、その人を特別扱いすることも、簡単でとても効果的な方法だ。

「普通はあまりこういうことをしないのですが、あなたの場合は例外です」とか「ご希望に添えるよう、便宜を取り計らいましょう」と一言添えれば、その人を大切にしていることがわかってもらえる。

たとえば、自動車のセールスマンとして世界一の実績を持つジョー・ジラードは、毎月、1万3000人の顧客に「お客様のことをいつも大切に思っております」と書いたハガキを送っている。経費はかなりかかるが、これこそがジョーのビジネスの真髄だ。新車の販売台数に関して、彼の右に出る人は1人もいない。

■ ほめ言葉が相手におよぼす影響

自分の仕事や業績をほめてもらえば、誰でも気分がよくなるものだ。そうすると、自然と説得に応じやすくなる。

あなたが誰かを説得したいときも、敬意を持って接し、その人の気持ちを大切にすれば、あなたのためにできるかぎりのことをしてくれるようになるだろう。

ここに、ほめ言葉が私たちにどのような影響を及ぼすかを調べた実験が2つある。これらの研究で、ほめ言葉がいかに効果的かわかった。

ほめる

1つめの実験では、被験者の男性たちが人々から、①ポジティブ、②ネガティブ、③ポジティブ＋ネガティブの合計3パターンの意見を聞いた。結果、①のポジティブな意見だけを述べた人が、被験者の男性から最も好かれた。そして、そのポジティブな意見というのは、適格なものでなくても効果があることもわかった。

次の実験は、ほめ言葉の大きな力を示している。

バージニア州の大学の心理学の授業で、24人の男子学生がほめ言葉を使って女子学生の服装を変えることができるかどうか調べた。この実験結果から、私たちはほめられると、その行動を強化するということがわかる。

男子学生たちはまず、しばらくのあいだ学内で青い服を着たすべての女子学生をほめた。すると、青い服を着た女子学生の割合が全体の25パーセントから38パーセントに増えた。

次に、赤い服を着たすべての女子学生をほめた。すると、赤い服を着た女子学生の割合が全体の11パーセントから22パーセントに倍増したのだ。

■ほめ方にはコツがある

まず、常に誠実な気持ちでほめることが大切だ。口先だけのおべっかでは、どれほどうまくごまかしたつもりでも必ずばれる。

大きいことを不誠実な気持ちでほめるくらいなら、小さいことを誠実な気持ちでほめるほうがいい。自分のことばかり考えず、その人のことをちゃんと見れば、とってつけてきたような事柄ではなく、本当にほめるべき事柄が必ず自然と見えてくるはずだ。

また、相手を漠然とほめるより、具体的な長所や行為をほめるほうが効果的だ。漠然としたほめ言葉は、一時的には効果があるかもしれないが、相手に不信感を抱かせるリスクがある。相手は自分がなぜほめられているのか理解できず、戸惑いを感じるからだ。

では、相手をじょうずにほめるには、具体的にどうすればいいだろうか？

たとえば、部下に「ファイルの整理はいつになったら終わるんだ！」と怒鳴るのではなく、「いつもファイルの整理を手早くやってくれてありがとう。今回も頼りにしているよ」と言えばいい。

後者の表現ならば、どんな行動を期待しているのかを具体的に示せているので、部下があなたの期待どおりに行動してくれる可能性が高くなる。

部下をほめることは、上司にとってきわめて重要な責務だ。組織の目標や優先課題をこまめに伝えて、目標を達成するためにいかに部下を重要視しているかを示すために「ほめる」を使うのだ。部下を信頼し、責任を与えよう。

ただし、どの部下も公平にほめよう。特定の部下をえこひいきすると、チーム全体の士気の低下を招く。どのような仕事でもうまくできたときは部下をほめよう。口頭で伝えるのはいいが、それをメールや書面などの文書で表現するとさらに効果的だ。

ほめ方にはこんな壮大なものもある。

鉄鋼王と呼ばれたアンドリュー・カーネギーは、ペンシルベニア鉄道に鉄鋼を売る計画を思いついた。そこで、ピッツバーグに新しい製鋼工場を建設したとき、カーネギーはそれをペンシルベニア鉄道の社長にちなんで「エドガー・トンプソン製鋼工場」と名づけた。社長はたいへん光栄に思い、カーネギーだけに鉄鋼を注文することにした。

ただし、言い方によっては、これと正反対の作用をおよぼすこともあるので注意が必要だ。ダンスを習っていた若い女性の例を紹介しよう。

ダンスのインストラクターが何度かレッスンをしたあとで、ある生徒にこう言ってほめた。

「少しずつ上達しているようね。でも、まだカバが踊っているみたいだけど」

このたった1つのネガティブなコメントのために、その生徒はそれ以来、1回もダンスをしなくなったという。

1つのネガティブなコメントは、10のポジティブなコメントよりも強力だ。人をほめるときは、ネガティブなコメントをうっかり交えてしまわないよう慎重を期する必要がある。

特に、これから説得や交渉、指導をする相手を絶対に批判してはいけない。批判は

心をつかむ法則 1

ほめる

人間関係を悪化させ、その人とのつながりを破壊してしまうおそれがある。批判するのではなく、ほめて感謝の気持ちを伝えるほうがはるかに大切なのだ。

残念ながら、部下のアイデアをけなして忠誠心を台なしにする上司があまりにも多い。そういう上司は、部下を見下すコメントをすればするほど部下の反発を招いて自分のアイデアに固執させてしまうことに気づいていない。

相手に自分が受け入れられていることを実感してもらうには、心のこもった感謝の意をほめ言葉に添えるとよい。自分が感謝していることをわかってくれているはずだと思い込んではいけない。

たとえば経営者が、給料を払いさえすれば社員に感謝の気持ちが伝わると考えるのは大間違いだ。社員が仕事に不満を抱く理由は、自分の努力が認められていないと感じていることにある。

ほとんどの人は常に感謝の言葉を口にするような環境に育っていないために、自分がそういう行為をすることに抵抗を感じるかもしれない。

だが、それではいけない。感謝の言葉をもっとたくさん言う価値は十分にあるのだ。

■ 毎日、人をほめることを習慣にしよう

どんな葬式に行っても、必ず故人は称賛される。だが、人をほめるのに、なぜその人が死ぬまで待つ必要があるのだろう。

私たちは称賛と名誉と名声を求めて猛烈な努力をしている。みな、自分が大切な存在であることを実感したがっているのだ。ところが、他人が立派なことをしてもひとこともほめず、間違ったことをするとすぐに責めたてる。そうやっておたがいに傷つけ合っているとは、本当に残念なことだ。

そこで提案だ。毎日、誠実な気持ちで人をほめることを習慣にしよう。特別な理由なんてなくてもいいから、とにかくほめる。ためらってはいけない。ほめれば、相手は心を開いてくれる。

そして、みんながたがいをほめることを習慣にするようにしたら、めぐりめぐってあなたをほめてくれる人も増えるだろう！

心をつかむ法則 1

ほめる

「ほめる」ための5つのポイント

1―毎日、人をほめることを習慣にする
2―常に誠実な気持ちでほめる
3―その人を絶対に批判しない
4―心のこもった感謝の言葉をかける
5―「自分は受け入れてもらっている」と感じさせる

心をつかむ法則

2

貸しをつくる

[Obligation]

心をつかむ法則 2

貸しをつくる

人類の歴史が始まって以来、貸しをつくるという技術は、心をつかむ手段として使われてきた。

現代では、たとえば営業マンが個人や会社を訪問する際、無料サンプルを渡したり、無料でサービスをしたりするのがそうだ。

無料で何かを受け取ったりサービスをしてもらったりしたあとで、何も買わないことがいかに心苦しいかは、誰もが経験して知っているはずだ。

そんなときはどうするか？　とりあえず、いちばん安い商品を買って借りを返そうとするはずだ。

■ 人は負い目に弱い

第一次世界大戦時に、一人のドイツ兵が「尋問するために敵側の兵士を捕まえて連行せよ」という任務を与えられた。そのドイツ兵が敵陣に潜入したところ、たった一人で昼食をとっている敵兵を発見した。こっそり近づいて銃を突きつけると、その敵兵は突然のことに驚き、思わずドイツ兵にパンを一切れ差し出した。なんとドイツ兵は敵の兵士の友好的な態度に恩義を感じ、逃がしてやった。ドイツ兵は任務を遂行することができず、手ぶらで戻ったために上官から大目玉を食らった。

状況は違っていても、きっとこれに似た経験が誰にもあるだろう。たとえば、こんな状況はどうだろうか。

あなたは、新車を買おうとしてディーラーの販売員と交渉するが、話がうまくまとまらない。立ち去ろうとすると、販売員は「もう一度、上の者と話をしてきます」と言う。そして立ち上がりながら、「少しのどが渇きましたね。ジュースでも飲もうと思うのですが、お客様もいかがですか?」と言う。「はい」と答えたあなたは、まんまと販売員の術中にはまることになるのだ。

彼はジュースを持って戻ってきて、「上の者がもう少し値下げをしてもいいと申しております」と言って金額を提示する。あなたは手ごろな価格だとは思わないがOKしてしまう。

あとで振り返ってみると、無料でジュースを飲ませてもらったことに負い目を感じて譲歩したことに気づく。新車の販売員はわずか50セントほどのジュースで恩を着せ、あなたに2万ドルの新車を買うよう仕向けたのである。

■「借りは返さねば」という心理が働く

私たちは誰かから何かをしてもらったときに、「なんとしてでも、このお返しをしなければならない」という心理が働くようになっている。

お返しをすることで、その人への貸しをなくすことができるからだ。たとえば、相手が笑顔を見せてくれれば自分も笑顔を見せようとするし、相手がほめてくれれば自分もその人をほめようとする。「人に親切にすれば自分も親切にしてもらえる（情けは人の為ならず）」ということわざは、どの文化圏にもあてはまるようだ。

別にお返しをする必要がないときでも、私たちはできるだけ早く借りを返そうとする傾向がある。場合によっては、借りを返したいという思いが強くて、してもらったことよりはるかに大きなお返しをすることすらある。

先ほど紹介した、新車を買った客はその典型的な例だ。人は、ほんのちょっとした借りができても心に負担を感じ、それを取り除くために大きな努力をするものなのである。

私は家族とともに新しい地域に引っ越したとき、妻と二人でクリスマスプレゼントを近所の家に配って歩いた。近所の人たちと顔見知りになりたいがために用意した5ドル以下のささやかなプレゼントだった。

ところが、プレゼントを近所の人たちに手渡して30分もしないうちに、玄関のベルが鳴った。ドアを開けると、一人の婦人が大きな箱を持って立っていた。箱の中には、50ドルはするような大きなチョコレートが入っている。そして、「この町へようこそ。よい休日をお過ごしください」と言って立ち去った。

その婦人は突然できた借りに耐えられなくなり、そのお返しとして、受け取った贈り物の10倍以上の値打ちのある贈り物をしたのだ。

借りを返さなければならないというプレッシャーはたいへん強いものになる。借りを返さないような人は軽蔑されるからだ。贈り物を受け取るだけでお返しをしない人は利己的で強欲で人情味がないと見られやすい。

私たちが借りを返さずにいられないのは、そういう心理的・社会的なプレッシャーによるものなのだ。

■ 無料サンプルの効果

たとえば昔、貸しをつくることで繁盛しているフィルム現像店があった。

その店は封筒の中にフィルムを一巻入れ、「無料サンプルです」と書き添えて顧客に送るのだ。その手紙には「現像の際にはぜひ当店にフィルムをお戻しください」と書かれている。

もっと安い値段でフィルムを現像してくれる店はたくさんあるのだが、ほとんどの人は写真を撮ったあと、指示どおりにその店にフィルムを戻した。その店の無料サンプルが受け手の心の中に貸しをつくり、借りを返さなければならないという気持ちにさせるからだ。

スーパーで買い物客に無料で試食させるのも同じ原理の応用だ。試食しておいて、商品に何の興味も示さずに立ち去るのは心苦しい。食べたあとで販売員と目をあわさずにこそこそと立ち去る人もいるくらいだ。家具屋などでも、ホットドッグやジュースなどを無料で提供して人々を店に招き入れ、その場で貸しをつくることがある。

ある衣料品店では、その店で買ってもらったスーツを無料でドライクリーニングとアイロンがけをするサービスを提供している。これで顧客の心の中に貸しをつくって、次にスーツを買うときにも自分の店をえらんでもらえる確率を上げているのだ。

また、全米障害者救済組織によると、ささやかなプレゼントを贈ったところ、寄付率が倍増したという。

心をつかむ法則 2

貸しをつくる

なぜこれほどまでに貸しをつくることに効果があるのだろうか？

心理学者のM・S・グリーンバーグは「人々が心苦しさを感じるのは、恩義を受けると束縛されたように感じるからだ」と分析している。そのため、私たちは借りがあると感じれば感じるほど、その借りを返さなければならないという気持ちになるのだ。

■貸しのじょうずなつくり方

相手の心の中に貸しをつくるために、あなたがその人に与えることができるものを考えてみよう。たとえば、次のようなものがあるだろう。

- サービス
- 情報
- 譲歩
- 秘密

・ほめ言葉
・笑顔
・贈り物
・招待状
・時間

ただし、これらが借りを返す必要性を感じてもらうには、その人があなたの行為を妙な下心がない誠実なものと判断した場合にかぎられる。もしあなたの行為を罠だとか賄賂《わいろ》だとか思えば、その手に乗るまいとするだろう。

そして、贈り物をするときは交渉の前にすることが大切だ。交渉の途中で贈り物をすると、賄賂だと思われるのが落ちだ。また、交渉前に贈り物をする場合にも、自分の利益のためではないという誠実な気持ちが伝わるように心がけなければならない。

ある研究では、医師に長いアンケートを依頼する際に、謝礼の20ドルの小切手を一緒に渡すと回収率が高くなることがわかった。78パーセントの医師が回答して用紙を

心をつかむ法則 2

貸しをつくる

送り返したのだ。それに対し、「アンケートにご協力いただければ、追って20ドルの小切手をお送りいたします」と書いた場合は、回収率は66パーセントにとどまった。最初に小切手を渡されると、借りができたと感じる証しだ。

この研究のもう一つの興味深い結果を紹介しよう。アンケート用紙とともに20ドルの小切手を受け取ったにもかかわらずアンケートに協力しなかった医師たちのうち、小切手を現金化したのはわずか26パーセントだった。

「アンケートに協力してもいないのにお金をもらうのは心苦しい」という心理が働くのだろう。それに対し、アンケートに協力した医師のうち、小切手を現金化したのは95パーセントにのぼった。

貸しをつくるには、こんなやり方もある。

みんなが大好きな〝秘密〟を用いた方法だ。プライベートなことを打ち明ければ、その人との絆は深まり、信頼関係を構築することができるのだ。

たとえば、交渉の最中に「ここだけの話ですが、知っておいてほしいことがあります」とか「あなたにだけこっそりお教えしましょう」と言ってみるといい。これらの言葉は、あなたがその人を信頼していることを示せる。極秘情報を伝えることによって、相手は親近感を持ち、自分が大切にされていると感じる。きっとその人は心を開き、自分のプライベートなことや極秘情報をあなたに知らせて借りを返そうとしてくれるだろう。

■ 相手を利用しようとしてはいけない

ただし、ここで相手に心を開くよう嘆願してはいけない。あくまでも、あなたがその人のことを大切に思っていることを伝えることが重要なのだ。常に相手の利益を考えて、誠実な態度を貫かなければならない。

相手を利用して自分だけが利益を得る目的で貸しをつくろうとすると、あなたは確実に説得力を失う。人々はあなたの下心を見抜き、あなたが差し出す贈り物をいっさい拒否し、場合によってはあなたといっしょにいることさえ嫌がるだろう。相手はあなたの贈り物を罠だと思い、あなたが「早く貸しを返せ」と言ってくることを警戒するにちがいない。

心をつかむ達人になるためには、あなたはまず自分の動機が不純でないかどうかを検証すべきだ。

「貸しをつくる」ための3つのポイント

1―贈り物をするときは交渉の前にする
2―秘密を打ち明けると、信頼関係を築くことができる
3―相手を利用する目的で貸しをつくろうとしない

心をつかむ法則

3

出し惜しみする

[Scarcity]

心をつかむ法則 3

出し惜しみする

チャンスが少なければ少ないほど価値は高まり、手に入れたいという衝動も強くなる。限定品や入手困難なものだったりすると、ほしい気持ちはさらに強くなる。人々はチャンスを逃すまいと、われ先に行動を起こすのだ。

たとえば、私はいつもネットオークションの術中にはまってしまう。気に入った商品を見つけ、競り落とせそうな価格を提示し、もうこれ以上の値はつけまいと心に誓うのだが、この商品の価値を認めている人が自分以外にも存在すると思うと、それがもっとほしくなってしまうのだ。そして、まんまと当初予定していたよりはるかに高い金額を提示するはめになる。

誤解してはいけないのは、出し惜しみをするとよいのはモノだけでなく、時間、情報、知識にもあてはまるということだ。この方法は、どのようなモノやサービスの価値をも高めることができる。

■人は手に入りにくいものに価値を感じる

物や情報の入手を制限されると、それが魅力的に思えてくることがよくある。誰もが日常生活で次のような実例を目にしているはずだ。

・会員制のクラブやレストラン
・優待カードをもらった人だけが入れる特別セール
・本日かぎりの商品
・めったにない貴重な骨董品

突然だが、ジャガイモについて考えてみよう。それがどうした、とあなたは思うかもしれない。でもじつは、ジャガイモは18世紀の後半まで一般的な食料ではなかったのだ。フランスでは伝染病との関係を疑われ、ドイツでは家畜の飼料に使われ、ロシアでは農民たちから毒として忌避されてきた。

ところが、ロシアの女帝エカテリーナ2世の登場とともにジャガイモの価値は飛躍的に高まった。

なぜなら、女帝が所有するジャガイモ畑の周囲に高いフェンスを張りめぐらせて、ロシア市民にジャガイモを盗まないよう警告する看板を立てさせたからだ。立ち入り禁止となったジャガイモ畑は、一夜にして世間で大評判となった。

民衆は、ジャガイモ畑の周囲にフェンスが張りめぐらされているのを見て思った。「なぜ、金持ち連中はジャガイモを独占しようとするのだ。われわれ庶民は毎日、ビーフシチューを食べさせられている。不公平だ。早くジャガイモをよこせ！」

■ 希少価値が購買意欲をかきたてる

私たちはふつう「ごくわずかしかないのなら、それは希少価値のある良品にちがいない」と考える。だからこそ、売り手は出し惜しみをしてお客様を買い物に熱中させる。「セール」というキャッチフレーズにおびき寄せられ、バーゲン価格で用意された限定商品を求めて、不要な物まで買ってしまうこともある。

テレビショッピングでも、出し惜しみの技術は頻繁に使われている。番組の制作者はごくわずかしかない商品が高く評価されることを熟知し、画面の上部に小さい時計を表示する。まもなく時間切れになることを知らされた視聴者は、この貴重な商品を購入するには時間があと少ししかないとあせる。

商品が売れるたびに数字が1つずつ減る仕掛けになっている数字が画面に表示されることもよくある。

そこで司会者が「いよいよ残り少なくなってまいりました。いったん完売いたしますと、もうお売りする予定はございません」と言う。すると、どうだろう。残りの商品数を示す画面の数字が一気に減るのである。

出し惜しみの技術は、ダイヤモンドの需要をつくり出すためにも使われている。世界のダイヤモンド市場のほとんどを支配し続けるデビアス社は、生産量が1500万カラットから1億カラットに激増したにもかかわらず、ダイヤモンドの希少性をたくみに維持している。

約300人のディーラーを指名して年に10回だけダイヤモンドを販売することによって、供給量と価格をいとも簡単に管理しているのだ。

心をつかむ法則 3

出し惜しみする

それだけではない。どのディーラーもわずかなダイヤモンドしか入手できないシステムになっている。その量を決定するのはデビアス社なのだ。

もしディーラーが少しでも不満を漏らそうものなら、そのディーラーはもう二度と指名してもらえない。

ある大手牛肉輸入会社がある実験を行った。営業スタッフが顧客を次の3つのグループに分け、電話をかけてそれぞれ別の方法で売り込みをしたのだ。

① 通常の説明をして注文をとる。

② 通常の説明をしたあとで、「輸入牛肉がこれから数か月にわたって供給不足になるおそれがあります」と指摘する。

③ 通常の説明をしたあとで、輸入牛肉が供給不足になる可能性を指摘し、さらに「一般には公表されません。また、この情報を得ているのは当社だけです」と付け加える。

結果はこうなった。②の顧客は牛肉不足の可能性に危機感を抱き、①の顧客の倍の量の牛肉を注文した。それに対し、牛肉不足の可能性とそれが極秘情報であることを知らされた③の顧客は、①の顧客より6倍も多くの牛肉を注文したのだ！　当然、牛肉の需要は急増し、会社は注文の処理に大忙しとなった。

■「チャンスを逃したくない」という心理に訴える

なぜ出し惜しみが効果を発揮するかというと、すぐに行動を起こさなければチャンスを逃してしまうと感じさせるからだ。

つまり、即座に意思決定をする必要性をつくり出すのだ。自発的に自分の意思で行動を起こすより、何かを失うのではないかとの思いから行動を起こすほうが強い動機づけになる。

たとえば、もしあなたが不動産業者なら、1つの物件の内覧に複数のお客様を連れて行くといい。お客様の一人が興味を示せば、他のお客様の興味も引き起こすことが

心をつかむ法則 3

出し惜しみする

できるからだ。どのお客様も悠長なことを考えていられなくなり、すぐに買わなければ誰かに先を越されるのではないかとあせる。

これが普遍的な現象であることは、複数の研究で確認されている。たとえば、「すぐに屋根の修理をしないと、あとで大変なことになりますよ」と言われると、多くの人がすぐに行動を起こすのがそうだ。

何かを失うのではないかとの思いは、私たちの心に大きな不安を抱かせ、損失を回避するための行動をとらせる。

想像してみてほしい。いつ来ても同じ価格で商品が残っているという保証があるなら、購入を何日も先のばしにしやすい。

それに対し、商品があとわずかしかなく、次はいつ手に入るかわからない場合、チャンスを逃したくないという思いから、今のうちに商品を買っておこうという気になる。

販売員が「このサイズの商品につきましては、バーゲン価格でご提供できるのは残念ながらこれだけです」という言い方をよくするのは、そういうわけだ。

1996年、故ジョン・F・ケネディ大統領の遺品がオークションにかけられた。このイベントには一週間で4万人以上が参加し、当初の予想をはるかに上回る金額が動いた。なにしろ、300ドル相当のライターが8万5000ドルで落札され、2000ドル相当の木製の葉巻入れにいたっては54万7500ドルまで価格が高騰したのだ。

■自由が制限されると、それに抵抗する心理が働く

私たちは選択・思考・行動の自由が制限されるのをいやがり、なんとか脱け出そうとやっきになる。そのため、すぐに行動に出るのである。

とある心理学の実験を紹介する。数人の幼児を部屋の中に入れ、同じおもちゃを2つ用意して、その中間に大きな透明のついたてを設置した。

その透明のついたては一部の子どもにとってそれほど高くなかったので、その上か

心をつかむ法則 3

出し惜しみする

ら手を伸ばせば簡単におもちゃを取ることができた。しかし、そのついたてが高すぎて手が向こう側まで届かなかった子どもたちは、おもちゃを取るためについたての横を迂回しなければならなかった。

ついたての上から手を伸ばしておもちゃに触れることのできた子どもたちは、ついたてのどちら側にあるおもちゃにも同じように興味を示した。

それに対し、ついたてが高すぎて手が届かなかった子どもたちは、ついたての向こう側にあるおもちゃに大きな魅力を感じ、手前にあるおもちゃよりも三倍も素早く取りに行ったのだ。

幼児ですら、選択・思考・行動の自由の制限に抵抗したいという衝動に駆られる証しである。

別の実験では、研究者は子どもたちにさまざまな種類のキャンディーの中から好きなものを選ぶよう指示した。ただし、特定のキャンディーを指差して、「これだけはダメ」と付け加えた。

子どもたちは選択の自由を制限されたことに対し、「これだけはダメ」と言われたキャンディーを選んで抵抗した。そうすることによって、子どもたちは自分がほしいキャンディーを選ぶ自由を得たと感じたのだ。

しかも、まだ手に入れていない物は、すでに手に入れた物より常に魅力的である。「隣の芝生はいつも青い」ということわざは、まさしく言い得て妙だ。

どの親も子どもに「それは買ってあげない」と言うとどういう結果になるか知っているはずだ。子どもは「買ってあげない」と言われた物を他の何よりもほしがる。

ある実験で、学生たちに同じ小説が配られた。ただし、半数の学生たちには「成人向け」と表示された本、残りの学生たちには何の表示もない本が渡された。

その小説に対する興味を調査したところ、「成人向け」と表示された本を受け取った学生たちは「ぜひ読んでみたい」と答え、何の表示もない本を受け取った学生たちは「あまり興味がない」と答えた。

ロミオとジュリエットの物語を思い出してほしい。二人の家は仇敵どうしだった。しかし、そのために交際が禁止されたからこそ、二人の絆はいっそう強くなり、愛の炎が激しく燃え上がったのだ。

だから、親が子どもに友だちや恋人との交際を反対するときは細心の注意が必要になる。逆効果になるおそれがあるからだ。

太古の昔、アダムとイブが広大なエデンの園で遊ぶことができたにもかかわらず、禁断の果実が忘れられなかった理由は、どうやらこのあたりにありそうだ。

■出し惜しみの技術を営業にどう応用するか

出し惜しみの技術は、決定を促すのに役立つ。私たちの多くは、決定の瞬間を恐れて、決定を先のばしにして考える時間を確保しようとする。

だが、営業などをしている決定を促す側の人は、相手に決定を先のばしにされてしまうと、永久に決定してもらえない可能性があることを知っておくべきだ。

とてもよい商品があり、目の前のお客様は今それを必要としているとしよう。このタイミングで買ってもらえなければ、あとでお客様が戻ってきて「やっぱり買うことに決めました」と言う可能性はかなり小さい、そんなときこそ出し惜しみの技術を使い、顧客の決定を促すべきだ。

これなら、優柔不断な顧客を深追いして時間を浪費せずにすみ、道義に反することなく、ストレスフリーで商談や交渉を進められるはずだ。

1 締め切りを設定する

お客様に締め切りを知らせるのだ。

私たちはみな、家庭や職場で締め切りを考慮しながら動いている。すぐに行動を起こさなければならない差し迫った理由がないかぎり、人々はなかなか行動を起こさない。逆に言えば、締め切りがあるからこそ、人は行動を起こすのである。

確定申告の締め切り日に、税務署の前に行列ができているのを見るといい。ほとんどの人はぎりぎりになるまで納税の義務を果たそうとしないことが一目瞭然だ。

2 数量と情報を限定する

限定された物をめぐって競争心を刺激されると、お客様は行動を起こしやすくなる。何度も言うとおり、私たちは大きなチャンスを逃すのではないかと思うと、「すぐに行動を起こさなくては」と切羽詰まった気持ちになるからだ。

大安売りのときの買い物客を考えるといい。人々は商品が売り切れると大変だと、われ先に買い求める。

情報についても同じことが言える。人々は極秘情報を得ようとやっきになり、真偽も確かめずに情報を受け入れてしまうものだ。

3　損をする可能性があると思わせる

「提案に応じなければ損をするかもしれない」とお客様に思わせるのがポイントだ。何かが限定されると、人々はそれを過大評価する。

お客様が自分は損をするのではないかと恐れる状況をつくれば、なんとしてでもそれを買いたいという気持ちになるはずだ。

提供している物やサービスを限定すればするほど、それは相手にとって魅力的に映る。それが手に入りにくければ入りにくいほど、相手は是が非でもそれを手に入れようとするものだ。

4　期間を限定する

人は、なかなか手に入らないものをほしがる。「この商品は現品かぎりです」と言われれば、それがますますほしくなる。

また、期間を限定して商品を提示するやり方もある。「今がチャンスです。この機会を利用しなければ損をしますよ」という言い方が効果的だ。

在庫一掃処分市で家具に「売約済」の札が掛かっているのを見たことがあるはずだ。人々はそういう札を見ると、自分もいい品物を見つけて早く契約しなければ損をするという切羽詰まった気持ちになるものだ。

期間を限定することによって顧客が本気かどうかを見きわめることもできる。そうすれば、買う気のないお客様を相手に無駄な時間と労力を使わずにすむ。

心をつかむ法則 3

出し惜しみする

「出し惜しみする」ための4つのポイント

1―締め切りを設定する
2―数量と情報を制限する
3―損をする可能性があると思わせる
4―期間を限定する

心をつかむ法則

4

期待をかける

[Expectations]

心をつかむ法則 4

期待をかける

私たちは、他人が抱いているなんらかの期待にもとづいて行動する傾向がある。だから、人に期待をかければ、それはやがて現実になるのだ。

相手に信頼を寄せて成功を期待すれば、好ましい結果が出る。逆に、人に疑いや不信感を抱けば、好ましくない結果が出る。ある作家はこう表現している。「私たちの能力を信じてくれる人は、非常に大きな影響力を持つ。成功しやすい雰囲気をつくり出してくれるからだ」と。

つまり、期待することによって、その人の行動を変えることができる。高く評価された行動をさらに前面に押し出そうとするからだ。

私たちはみな、自分の抱いている期待をさまざまな方法で伝えている。たとえば、言葉や声の調子、しぐさなどだ。これらのほとんどは無意識にしているだけかもしれないが、意識的に使えば、さらに大きな力が得られるだろう。

■人は期待をかけられるとがんばろうとする

あなたは自分の期待が現実になったことに気づいたことがあるだろうか？　期待とは一種の予言であり、おのずと現実になることがよくある。私たちはそれを意識的にも無意識的にもおこなっている。

対人術の達人だったイギリスのチャーチル首相は、「相手に美徳を身につけさせる最高の方法は、その美徳を相手に期待することだ」と言っている。

期待をかけることが人々の行動に大きな影響をおよぼすことは、多くの研究によって明らかになっている。

たとえば、「学力が低下している」と言われた生徒は、実際に学力が低下する。その他にも、同じ問題を渡して、「これはとても簡単な問題だよ」と言われた学生は、「かなりの難問だよ」と言われた学生より、素早く問題を解くし、「この仕事は単純作業だ」と言われた人は、「この仕事は難しい」と言われた人より、効率よく仕事を済ませた。私たちは、自分ではそのつもりがなくても、自分が周囲から期待されて

期待をかける

いるとおりに振る舞おうとするのだ。

ある研究で、小学二年の生徒をABCの3つのグループに分け、算数のテストを受ける前に教師から、期待、圧迫、激励の別々のセリフを聞かせた。

・グループA　期待「君たちならいい点が取れるはずだ」
・グループB　圧迫「いい点が取れないようではダメだ」
・グループC　激励「いい点を取るようにがんばれ」

さて、結果はどうだったか？　最もよい成績をおさめたのは、期待のセリフをかけられたグループAの子どもたちだった。

なぜ、期待のセリフが最も効果を発揮するのか？　一人ひとりの子どもの心の中に自分に対するポジティブな期待を抱かせるからだ。そしてそれがポジティブな結果に結びつくのである。

■適切な期待をかければ、部下は成長する

私たちは自分が他人からどう思われているかを知っているとき、たいていそれに合わせようとする。ほめられると、誰もがその称賛にふさわしい人物であろうと努力するのだ。

たとえば、部下に仕事をやり遂げてもらいたいときは、その人が仕事をやり遂げるタイプの人物であるとあなたが確信していることを相手に知らせるといい。

たとえば、次のようなセリフが効果的だ。

「君ならきっとできるよ」

「君には日ごろから一目置いているんだ」

「君の能力にはいつも感心しているんだよ」

以上のようなセリフを使えば、自分にかけられた期待にこたえようとする心理が働く。

こんな話がある。どんなに扱いにくい犯人でもたくみに自白させる警察官がいた。

心をつかむ法則 4

期待をかける

この警察官は、犯人にいつもこんなふうに言うのだった。

「君が何度も問題を起こしてきたことは事実だが、けっしてウソをつかない人物だと私は思っている。君の言うことはすべて真実だと、みんな言っている」


自分が日ごろ周りの人に何を感じさせているか考えてみるといい。その人を軽く扱っていないか、勇気を与えて業績をあげるよう励ましているか？

あなたがその人に抱いている期待は、あなたの言動にそのまま反映される。


そして、あなたが自分自身に対して抱いている期待はポジティブなものかネガティブなものか、どちらだろうか？

たとえば、自分がいつかクビになると思っている人は、仕事への情熱を失いやすく、そのせいで、実際にクビになる。自分に対して抱いている期待が特定の行動をとらせ、想像を現実にしてしまうことの証しだ。

■周囲の期待が子どもを変える

あなたには、教師にポジティブな期待をかけられ、より高いレベルにまで引き上げてもらった経験があるかもしれない。

教師の期待が子どもにどういう影響をおよぼすかを示す興味深い実験を紹介しよう。

ある学校の校長は、同等の指導力を持つ二人の教師を別々に呼んで話をした。

一方の教師には「今年は優秀なクラスを受け持ってもらう。子どもたちは競争意識が強くて学習意欲が高いので、みずから進んで勉強するはずだ」と言った。

もう片方の教師には、「残念だが、今年の君のクラスにはあまり期待できない。芳しくない結果が出てもやむをえない」と言った。

だが、実際には、この2クラスの学力は同じレベルだった。ところが、学年末テストの結果、前者のクラスは後者のクラスよりはるかに好成績をおさめたのだ。

この理由は、二人の教師の期待度の差であることは言うまでもない。

心をつかむ法則 4

期待をかける

子どもの人生にとって、教師は最大の財産になることもあれば最大の負債になることもあるということだ。教師から「問題児」のレッテルを貼られた子どもがどういう行動をするかは、誰もが知っているとおりだ。

あなたが通っていた小学校にも、クラスの中にいつも反抗的な態度をとる子どもがいなかっただろうか。実際には、その反抗的な子は、自分が教師から反抗的だと思われていることを察知し、そのとおりに振る舞っていただけかもしれない。

ネガティブなものでも、ポジティブなものでも、教師が子どもについて何らかの評価をくだすと、それ強化されてしまう典型的な例だ。

担任教師の留守中にクラスの授業を受け持つことになった代理の教員の話を紹介しよう。

事前に担任から「問題児」と「リーダー」の名前を教えられていたので、代理の教員はその指示に従った。

ところが、ふたを開けてみれば、代理の教員はまちがって2人をあべこべに扱っていたのだ。

だが、戻ってきた担任はさらに驚くことになった。なぜなら、その二人の子どもは代理の教員の期待にもとづいて、それまでとは正反対の行動をするようになっていたからだ。

自分に貼られたレッテルがポジティブであれネガティブであれ、人はそのとおりに行動しようとするのである。

■ 期待次第で作業効率も変わる

現代人は時間に拘束されている。何かしようとしたとき、どれくらい時間がかかるかを見積もってから取りかかるはずだ。

イギリスの社会学者パーキンソンは、組織運営において起こりがちなさまざまな問題について考察し、なかなか皮肉な法則をいくつか発見した。

この「パーキンソンの法則」のひとつに「仕事は割り当てられた時間いっぱいかかる」というのがある。

心をつかむ法則 4

期待をかける

たとえば、ある仕事をするのに3か月という時間が与えられると、3か月でやり遂げる。しかし、もし6か月という時間が与えられると、同じ仕事なのに6か月もかかってしまうのだ。

奇妙な理屈に思えるかもしれないが、パーキンソンの法則は正しい。やり遂げるのに割り当てられた時間は、その仕事をする人の心づもりに影響をおよぼすからだ。つまりは結局、期待どおりになるのである。

あなたも、多くの人が締め切り間際になって突然バタバタすることに気づいているはずだ。誰でも、ぎりぎりまでグズグズしていて、締め切り間際になって仕事をする傾向がある。

したがって、大きな仕事をするときは工程を細分化し、その一つひとつに締め切りを設定しておくのが効果的だ。締め切りを設定しない課題は、どれほどやる気があっても、なかなかやり遂げられないものなのだ。

■高い目標を与えることは、期待をかけること

目標設定が苦手な人はたくさんいる。目標設定と聞いただけでうんざりする人すらいる。

だが、目標設定が効果的であることは疑問の余地がない。もしあなたが誰かの目標設定を手伝うことができるなら、その人の将来への期待を高めることになる。

目標は人を鼓舞する力を持ち、将来を左右する。一般に、大きな目標や困難な目標ほど仕事の効率を高める。高い目標は高い期待につながり、高い期待は行動に強い影響をおよぼすからだ。

ある工場では、経験の乏しい工員を2つのグループに分け、片方のグループには「熟練の工員をよく観察して3か月以内に高いレベルで仕事ができるように」とだけ指示し、もう片方のグループには、各週の初めに具体的な目標を与え、週を追うごとにより高いレベルの目標を設定した。後者のグループのほうがはるかに仕事の能力が伸びた。

■ 期待に満ちた環境をつくる

犯罪学者のジェームズ・ウィルソンとジョージ・ケリングの両博士は「割れ窓理論」を提唱し、「割れた窓のある建物を見ると、誰もその建物を大切にしていないと想定し、さらに多くの破壊や汚損を招く」と主張した。環境が人々の行動に影響をおよぼすということだ。

割れ窓理論の応用として、ニューヨーク市の地下鉄改革の例を紹介しよう。

当時、ニューヨークの地下鉄は、犯罪を防止して信頼性を回復することが求められ、莫大な費用をかけて再建する必要に迫られていた。そこで、ニューヨーク交通局から顧問に任命されたケリング博士は、割れ窓理論を応用するよう関係者に要請した。

まず、地下鉄改革の責任者だったデイビッド・グンは、すべての落書きを消すことから始めた。重大な問題が山積している状況で、落書きを消すというのは些細なことのように思われたが、グンはあえてこだわった。彼は次のように語っている。

「落書きは地下鉄システムの崩壊を象徴していました。組織を再建し、士気を高めるためには、私たちは落書きとの戦いに勝利しなければならなかったのです。その戦いに勝利できなければ、経営改革は不可能でした。落書きを放置しておけば、１台約１０００万ドルもする新しい電車を何台も廃棄するはめになるからです」

グンは明確な目標を設定した。終電が戻ってきたときに落書きが見つかれば、翌朝の運行開始までに消すことにしたのだ。

深夜から早朝にかけてスプレーで絵を描く連中にとって、それは強烈なメッセージとなった。一晩中描いた落書きが翌朝になって消されているのを発見することは、自分がやったことが徒労に終わったと痛感させられる出来事だからだ。

落書きとの戦いが何年も続いたのち、ついに落書きはなくなった。

「落書きをする者はいなくなる」という、関係者の期待に満ちた環境がつくられ、それが落書きをする連中に影響をおよぼして現実になったのである。

心をつかむ法則 4

期待をかける

「期待をかける」ための3つのポイント

1 ― 相手に期待していると伝える

2 ― 高い目標を与えて、高い期待をかけていることを示す

3 ― 期待が明確に伝わる環境をつくる

心をつかむ法則

5

「みんなやっている」と思わせる

[Validation]

心をつかむ法則 5

「みんなやっている」と思わせる

私たちは社会生活を営む生き物である。だから誰でも、〝何らかの集団に属したい〟という欲求を持っている。

これから紹介する方法は、こうした人間の生来の欲求にもとづいている。ある考え方や流行などを支持する人が多ければ多いほど、それが妥当なように思えてくるのは、私たちが帰属意識を持っているからだ。自分では気づいていなくても、他人が何を考えているかを気にして、他人の言動を自分の選択や決定の指針として使う。

世間の規範やその場のルールがわからないときは、周囲を見回してそれを確認しようとする。私たちは自分の属する集団の規範に沿うように認識や意見や行動を変える傾向があり、他の人々がしていることと比較して、自分の行動が世間の規範からずれているなら、自分の行動をそれに合わせようとするのである。

■人は周囲に合わせようとする

私たちが社会的な妥当性を求める行動は、あらゆる集団、組織、会議、日常生活に見受けられる。これらのすべての環境に、一定の暗黙のルールが存在する。

私たちは集団と調和し、その一員でありたいという願望を持っているので、場の空気を読んで、自分の行動をその集団のルールに合わせようとする。自分の考え方が世間とかけ離れていたら、なんとか合わせようとするのは、周囲の人々に好かれ、受け入れられたいからにすぎない。

エチケットは、まさに社会的な妥当性を求めて、暗黙のルールに従おうとすることの典型例だ。いつ注文し、いつ食べ、いつ飲み、どこにナプキンを広げ、食べ終わったらどこにナイフとフォークを置くか。また、レストランで会食していて、デザートを注文するタイミングになっても、自分が最初に注文する役割を果たすのは誰もがいやがる。もしデザートを率先して注文する人がいなければ、結局、誰もデザートを注文しない可能性が高い。

心をつかむ法則 5

「みんなやっている」と思わせる

私たちは多くの人の賛同を得れば、自分が社会的に認められていると感じる。だから、世間の多数派と同じことをするのだ。認めたくないかもしれないが、これは事実だ。世間の規範と相いれない行動をみずからするのは、全アメリカ国民の中でわずか5〜10パーセントにすぎない。

■人に流されて間違った判断をすることさえある

こうして、私たちはそれぞれの場面で、すでに決められているルールを無意識に受け入れている。たとえば、授業中の発言の仕方、コンサートでの振る舞い方、社風に合った働き方などがそうだ。

だから、慣れない環境でどう行動していいかわからないとき、自分の行動指針となるルールを探し求める。パーティーや新しい職場での初出勤の日などがその典型だ。

人は集団の一部になると精神的に落ち着くのである。自分が集団の一部であるかぎり、自分の行動に責任を感じる必要はないからだ。

情報があいまいな場合は、どう対応していいかわからず、さらにルールを探し求める。

たとえば、映画館の中で誰かが「火事だ！」と叫んだとしよう。あなたは飛び上がって逃げるだろうか？　もし周囲の人々がそうするなら、あなたも同じようにするだろう。しかし、もし全員が座ったままなら、あなたも座ったままではないだろうか。

こんな研究がある。

参加者たちは、スクリーンに映し出された2本の線のうちで長いほうを指摘するよう求められた。片方の線のほうが明らかに長かったが、一部の参加者にわざと答えを間違えるよう事前に指示しておいた。

その結果、他の参加者たちのうち数人がそれにつられて答えを変更した。結局、全体の75パーセントの人々が少なくとも1回は答えを間違えた。

別の研究では、正解が明らかなときですら、人々は大多数の意見に合わせるために37パーセントの確率でわざと答えを間違えることがわかった。

心をつかむ法則 5

「みんなやっている」と思わせる

■ほかの人がしていることは受け入れやすい

人が周囲に合わせ、社会のルールに従おうとする実例はいたるところに見られる。たとえば、スポーツ観戦中に応援のためのウェーブに参加する、授業中に一人だけ手を挙げるのをためらう、書店の入口近くに並んでいる最新のベストセラーを買う、行列ができている飲食店を選ぶ、巷で話題になっている映画を選ぶ、公衆トイレで他人に見られているときだけ手を洗う、などなど。

ある研究で、犬を怖がる幼児たちに、幼い少年が犬と楽しそうに遊んでいる様子を毎日20分見せた。

その結果、わずか4日後に、全体の67パーセントの子どもが一人でいるときでも犬といっしょに過ごせるようになった。しかも、その効果は長続きした。1か月後も子どもたちは犬と楽しそうに遊んだのだ。

テレビのお笑い番組を見ていると、全然おかしくない場面で笑い声が聞こえてくることがよくある。複数の研究で、笑い声を入れることが視聴者に影響をおよぼし、より長く、より頻繁に笑わせることができ、面白い番組という印象を与えて視聴率を高める効果があることがわかった。

また、ジョークが面白くないときに笑い声を入れると効果があることを示すデータもある。同じ番組を二人に見せて、一方には笑い声を入れ、他方には笑い声を入れない場合、笑い声を入れたほうがよく笑ったのだ。

さらに別の研究では、初めて子どもを生んだばかりの母親を対象に、新生児の栄養補給に関して単独と集団のいずれかで指導したとき、どちらの場合がより忠実に指導に従うかを実験した。

病院の管理栄養士が母親と一対一で話をするか、母親を6人ずつ集めて指導したのである。どちらの場合も「新生児にはタラ肝油とオレンジジュースを与えることが大切です」と教えられた。その結果、集団で指導を受けた母親たちのほうが、単独で指導を受けた母親たちよりもはるかに忠実に指導に従うことがわかった。

モチベーション・コンサルタントのカベット・ロバートはこの現象を次のように表現している。「人々の95パーセントは人まねをし、自分で何かを創造するのはわずか5パーセントにすぎない。だから、人々はどのような証拠よりも他の人々の行動に影響される」

■マーケティングへの応用

スタンフォード大学経営大学院のカーク・ハンセン教授は面白い実験をした。あるウエブサイト上で人気のファイルを何度もダウンロードしてカウンターの数字を人為的に高くしたのだ。その結果、その人気ファイルはますます頻繁にダウンロードされるようになった。カウンターの数字は人気度を示すから、人々は高くランクされているファイルに興味を抱いたのだ。

一部の劇場では、さくらを雇って観客に笑いを起こさせたり拍手をさせたりする。

大道芸人は自分で皿の上にお金を入れておくことがよくある。見物人に他の人々がすでにお金を入れているように見せかけ、お金を入れるのが妥当だと思わせるのが狙いだ。教会ですらそうだ。数枚の紙幣の入った献金皿を見ると、多くの人は自分も献金しなければならないという気になる。

「みんながやっている」と思わせる効果を最大化するための3つのポイントを紹介しよう。

1 集団は大きければ大きいほどよい

集団が大きければ大きいほど、より多くの人が同調する。

ある研究者たちは、道で誰かが空を見上げていると、それを見た通行人も同じように空を見上げるかどうかを実験した。ニューヨークの街角にビデオを設置し、15人に依頼して実験したところ、彼らの中で空を見上げている人が多ければ多いほど、通行人が立ち止まって空を見上げる確率が高かった。

また、アリゾナ州立大学の研究者の報告によると、テレビ伝道師ビリー・グラハムの番組では数千人のボランティアが動員され、観衆の熱狂ぶりを伝えるために拍手したり賛美歌を歌ったりするタイミングについて事前に細かく指導されるという。また、彼の教団が基金を集めるときは、いかにも電話が殺到しているような印象を視聴者に与えるために、電話受付をしている人たちはカメラに映るときに必ず受話器を持って話しているふりをする。そうすることで、この教団が大勢の人々の支持を得ているとをアピールし、より多くの人に寄付してもらうことができるからだ。

2　親近感があればあるほどよい

人々は集団に親近感を抱けば抱くほど、影響を受けやすくなり、自分の行動や意見を変える可能性が高くなる。

ＭＣＩ（アメリカの大手長距離電話会社）の「友だちとご家族、ご紹介キャンペーン」は画期的だった。このキャンペーンによって、同社は10年足らずで１０００万人もの顧客を獲得したのだ。友人や家族がすでに加入しているなら、社会的に認知されている優良企業にちがいないと誰もが思ったからだろう。身近な人から紹介されると説得力が増す。紹介という手法は、社会的認知の最高の方法と言っても過言ではない。

3　社会的認知は明確であればあるほどよい

自分の製品やサービスの社会的認知を最大限に活用する方法を見つけよう。それは最もよく売れているか、最も人気があるか、誰が使っているか？　ユーザーからの推薦はあるか？

多くの販売員が「この製品はよく売れています」とか「最も人気があります」と言って成功をおさめるのは、そのテクニックが客にその製品の社会的認知が高いと思わせるからだ。

客は何かが「売れている」とか「人気がある」と感じると、販売員の言葉以外にそれを証明するものが何もなくても、それを手に入れるためにより多くのお金を払う。

同じことが広告についても言える。広告の主な目的は、ある製品が大好評を博しているように見せかけることだ。ある製品が「大好評」「人気沸騰」「絶賛発売中」と公

「みんなやっている」と思わせる

言するだけで十分な証明になるからだ。消費者にとっては、ある製品が市場で好評を博していると思えるなら、それを買う理由になる。

自分の店が繁盛していると見せかけるために、たとえ店内がガラガラのときでも外に行列をつくらせることはよくおこなわれている。

「みんなやっている」と思わせるための3つのポイント

1 — 少しでも多くの人がやっているように見せる
2 — 身近な人から商品やサービスを紹介してもらう
3 — 「よく売れています」とか「好評です」というセリフを使う

心をつかむ法則

6

責任を感じてもらう

[Dissonance]

心をつかむ法則 6

責任を感じてもらう

あなたが尊敬する人たちを思い浮かべてほしい。おそらく、そのほとんどが一貫性のある人たちのはずだ。尊敬に値する人の信念と行動は、たとえ誰も見ていないときでも首尾一貫している。そのような人たちは自分の言葉に責任を持つ人であり、責任感の強い人と評価される。私たちは、一貫性のある行動をする人に惹かれ、そういう人に従おうとする。

その逆に、プライベートであれ仕事であれ、一貫性に欠ける言動は好ましくないとされ、信念と言動に一貫性のない人は、責任感がなく、偽善的で、裏表があると受けとられる。

私たちは無責任でいたくないがために、約束を守るなどの一貫性のある行動をとろうとするのである。

人は自分の言動に一貫性がないと無責任に感じる

1957年、スタンフォード大学の心理学者レオン・フェスティンガーは、認知的不協和理論を発表した。それによると、信念と行動が相反する（これを不協和という）と、人々は落ち着かなくなり、行動を修正して一貫性を得る努力をするという。信念と行動が一貫していると気分よく過ごせる。しかし、信念と行動が一貫していないときは、落ち着かなくなったり、居心地が悪くなったり、取り乱したりする。そこで、心の緊張を和らげるために人々はあらゆる努力をするというわけである。

次に紹介するのは、不協和をつくり出す可能性のある状況だ。

- 計画を立ててダイエットをしているが、店頭でおいしそうなアイスクリームが販売されているのを見た。
- 元日に「今年こそは毎日、運動をしよう」と誓ったが、2月半ばになってもまだジムに1回も通っていない。

・生き物の命を大切にしなければならないと思うのだが、かっこいいすてきな毛皮のコートがセールで売り出されているのを見て心を惹かれた。

人は探し求めるものが見つからなければ、自分でそれをつくり出す。自分の見解と相容れない情報は見つけたがらない。たとえば、喫煙者がタバコの害に関する記事を読もうとしないのがそうだ。

■一度決断すると、それが正しいと思いたくなる

ノックスとインクスターによる研究は、競馬場での興味深い事実を指摘している。馬券を買うために列に並んでいる人々に質問をし、馬券を買ったあとでもう一度質問をした。その結果、馬券を買う前より、買ったあとのほうが自分の決定に自信を持っていることがわかったのだ。

ヤンガー、ウォーカー、アロウッドの3人も同様の研究をした。ギャンブルに参加している人々を対象に、お金を賭ける前と後を比較すると、ノックスとインクスター

の研究と同様、賭けた後のほうが自分の決定に自信を持っていることがわかった。

以上の2つの研究結果が意味しているのは、人は不協和を軽減するために「自分の決定は正しい」と自分に納得させようとするということだ。いったん何かを決めると、人は「自分の決定は正しい」と自信を持つようになるのである。


このパターンは、営業や販売の現場にもあてはまる。

製品やサービスに対していったん料金を支払うと、たいていの場合、客は自分の決定に自信を持つ。だから、お客様にはできるだけ早く支払いをさせるか最終決定をさせることが大切なのだ。

そうすることによって、客側は自分の決定に自信を深め、その決定を正当化する理由を探すのである。

■自らの決断に固執して抜け出せなくなることも

私たちはたとえ自分に不利な決定をしたときでも、自らの信念に縛られてしまい、

心をつかむ法則 6

責任を感じてもらう

その決定が正しいことを証明するために最後まで戦い抜こうとすることとさえある。

数年前、大手ファストフードチェーンのマクドナルドは、『マクドナルドがよくない理由』と題したパンフレットが名誉毀損にあたるとして、そのパンフレットを作成・配布したイギリスの活動家5人を告訴した。

そのパンフレットに書かれていた主張の一部を紹介しよう。

「マクドナルドの食べ物は健康に悪い」「低賃金で労働者をこき使っている」「大牧場をつくるために森林を乱開発している」「過剰包装で大量のゴミをつくり出している」「子どもをターゲットにした宣伝を垂れ流している」

5人の活動家のうち3人は裁判沙汰を避けて活動を中止したが、残りの2人は告訴を受けて立ち、法廷の場でマクドナルドと争うことにした。その結果、イギリス史上最も長い裁判となり、「多国籍企業によって展開された、最もお金のかかる最も悲惨な広報活動」と呼ばれることになった。

というのも、『マクドナルドがよくない理由』と題したパンフレットは200万部も発行され、ネガティブな情報が全世界に伝わることになったからである。裁判が始まると、インターネットの同名のサイトには最初の1年で700万件ものアクセスがあった。しかし、マクドナルドは「敵対者には毅然とした態度をとる」と公言した手前、一貫性を維持するために最後まで闘わざるをえなくなったのだ。

結局、マクドナルドは1000万ドル以上の訴訟費用を払い、やっとのことで勝訴した。しかし、裁判による大幅なイメージダウンを考えると、早いうちに譲歩して和解したほうが得策だったと言える。

■ 約束すれば相手に責任感が生まれる

ほとんどの人は、自分が約束したことを守ろうとする。自分の言葉に責任を持とうとするわけだ。

約束の持つ力を調べるために研究者たちが実験をすることにした。

ニューヨークの海岸で、協力者を任意に選んでラジオを浜辺に置いてもらい、協力者がその場を離れたあとで研究者が泥棒になりすましてラジオを盗んだ。

しかし、周囲にいた人々の中で、泥棒を捕まえるために身の危険をおかした人はごくわずかだった。実験を20回繰り返した結果、泥棒を捕まえる努力をした人は全部で4人（確率20パーセント）しかいなかったのだ。

研究者たちは実験をさらに20回重ねることにしたが、今度は少し条件を変えた。そしてそのことが大きな違いを生じた。

協力者がその場を離れる前に、隣にいる人に「私のラジオを見張っていてもらえますか？」と声をかけたのだ。どの人もそうすると約束してくれた。

その結果、20人のうち19人（確率95パーセント）が泥棒を追いかけ、ラジオを取り返し、場合によっては泥棒を取り押さえたのである。

宣言すればするほど、責任感が増す

自分の行動に不安を感じていても、それを人前で言えばその行動を最後まで一貫してとり続ける強い動機になる。

たとえば、結婚を申し込まれて「イエス」と言えば、そこに自分の言葉への責任が生まれる。さらに、婚約を発表すれば、第2の責任が生じる。そして、その後の行動はすべて、責任を重くすることになる。親に言う、親戚に言う、友だちに言う、職場の同僚に言う、指輪を買う、記念写真を撮る、式場を選ぶ、など。

どちらか一方、あるいは双方が結婚をとりやめようと思っても、人前で何度も公言した手前、予定どおり式を挙げてしまったほうが楽だと感じる。

自分の立場を正式に表明すればするほど、それを変えづらくなるものだ。

社会心理学者のモートン・ドイッチュとハロルド・ジェラードが1955年におこなった有名な実験が、この原則を実証している。

学生たちを3つのグループに分け、どのグループにも何本かの線を見せて、その長さを推測するよう求めた。

グループAの学生は自分の推測を紙に書いて、それに署名し、提出しなければならなかった。グループBの学生は自分の推測を紙に書いたが、あとから消しゴムで消すことができた。グループCの学生は推測を紙に書くことを求められず、心の中で覚えているだけでいいと指示された。

線の長さに関するヒントが提示されても、自分の推測に最も固執したのは、それを書いて署名し、提出したグループAの学生だった。それに対し最も簡単に答えを変えたのは、何も書かなかったグループCの学生だった。

学校や会社、その他のさまざまな団体の伝統や習慣、儀式などは、責任感を生み出すことを目的に確立されたものだ。自分の誓いや信念、発言、努力目標などを公言すると、それを守らなければならないと感じる。自分が公言したことを撤回するのは可能だが、それには心理的な代償を払わなければならない。しかも、公言した対象が多ければ多いほど、心理的な代償は大きくなる。

■ マーケティングへの応用

● 一度決断させれば、条件を変えても通りやすい

「その商品を買う」と固く決断させることができれば、その後に条件を変更したとしても、その人はその商品にこだわり続ける可能性が高い。

たとえば家電量販店は、テレビの大安売りを宣伝するときに小さい文字で「数量に

かぎりあり」と書いておく。

あなたがこの店にテレビを買いに行くことにしたとする。あなたは新しいテレビを買うことを決めているから、実際に店に着いて、お目当ての安売りのテレビが完売しているのに、気持ちのおさまりがつかない。

そこであなたは、当初予定していたより数万円多く払ってでもテレビを買って帰宅する。新しいテレビを買うという決断と、店内での自分の行動の一貫性を維持する必要があったからだ。

●製品へのブランド・ロイヤリティを持たせる

お客様に製品へのロイヤリティ（忠誠心）を維持してもらえるかどうかは、企業にとって大きな課題である。

ブランド力で商品を買ってもらえた古きよき時代と違い、現代人はもはや特定の会社や製品にこだわりを感じなくなっている。

米国のタバコ会社が自社のロゴ入りグッズを無料で配布するために業界全体で年間6億ドル以上もの巨費を投じるのは、人々のブランド・ロイヤリティを維持するための必死の努力の表れなのだ。

それ以外の業界でも、マグカップやTシャツ、ペン、マウスパッドなどにロゴを入れて自社のブランドを宣伝している。それらのグッズはそれほど高価なものではないかもしれないが、それを所有させることがロイヤリティをつくり出す。たとえば、バドワイザーのロゴ入りTシャツを着る人が、クアーズのビールを飲むことはめったにない。

■ 責任感を用いてうまく説得するための3つのステップ

●第1のステップ　責任感をつくり出す

お客様や取引先に責任を感じてもらうには、以下の3つがカギになる。

①多くの人に知らせる

たとえば、その人が買うと決めていることをできるだけ多くの人に知らせよう。他のお客様や従業員のいる前で契約成立の握手をしたりすると効果的だ。

②「イエス」と何回も言わせる

お客様に「イエス」という答えをできるだけ多く言わせよう。そうすれば、その人の心の中に責任感をつくり出すことができる。

これをする目的は、不協和をやわらげ、その人があなたの最終提案に「イエス」と言いやすくすることだ。簡単な頼みごとでも「イエス」と言ってもらうことによって、本当に「イエス」と言ってもらいたい提案にも同じ返答を引き出しやすくなるのだ。

どの質問にも一貫して「イエス」という返答をさせることがポイントだ。相手は「イエス」と言うたびに欲求が高まり、「ノー」と言うたびに欲求が低下してしまうことを忘れないでほしい。

③自分の意思で決めたことだと実感させる

その人に何かを無理強いしてはいけない。車の試運転にせよ、契約書への記入にせよ、それはその人が主体的に決めたことでなければならない。それが自分で下した自主的な決定だと感じてもらうために、あなたは一つひとつ「それでよろしいですね」と確認するのだ。それによって相手は自分の意思で決めているという実感を深める。

●第2のステップ　不協和をつくり出す

第1のステップで相手が責任を感じたなら、今度は不協和をつくり出す必要がある。

あなたはその人の言動に一貫性がないことを指摘して、不協和を感じさせるのだ。たとえば、「『今すぐにほしい』とおっしゃったのですから、一晩じっくり考える必要はないのではありませんか？」というセリフは効果的だ。

その結果、相手はプレッシャーを内外の両面から受ける自分のセルフイメージ（自分で自分について抱いているイメージ。ここで言えば、たとえば「私は約束を守る人間だ」）を行動と一致させようとする内的なプレッシャーと、そのイメージを自分に対する他人の印象に適合させようとする外的なプレッシャー（「この販売員に無責任な人間と思われたくない」）だ。

●第3のステップ　解決策を示す

不協和をつくり出したあとは必ず解決策を示さなければならない。あなたは自分の製品やサービスが相手の心の中の不協和をどのようしたら軽減できるかを提示する必要がある。たとえば、第2のステップに挙げた例に続けるセリフとしては、「今すぐお買い求めいただければ、5パーセント割引いたします」といったものが考えられる。

あなたが最終的に目指しているのは、相手があなたの解決策を受け入れることだ。あなたがその人を説得してきた目的はそこにある。そして、その人はいったんあなたの解決策を受け入れれば、自分が正しい選択をしたと自信を持つ。そうすることで相手の心の中の不協和は消えるのだ。

心をつかむ法則 6

責任を感じてもらう

「責任を感じてもらう」ための3つのポイント

1 — 約束させる

2 — 多くの人の前で宣言させる

3 — 自分の意志で決めたことだと実感させる

心をつかむ法則

7

連想させる

[Association]

心をつかむ法則 7

連想させる

就職試験の面接に行くとき、人々が精一杯きちんとした服装をするのは、いったいなぜだろうか？　だらしのない服装をすると、相手に好ましくない連想をさせることを知っているからだ。

なぜレストランは外観や照明、ＢＧＭにこだわるのだろうか？　それもまた、お客様の連想をよいものにするためだ。

さらに、私たちは広告の写真や絵、ロゴ、ＣＭソングに好感を抱くと、その商品にも好感を抱く傾向がある。

心をつかむ達人は相手に何らかのイメージを与え、そこから連想させて、自分が伝えようとするメッセージに適したポジティブな感情を呼び覚ます。

もちろん、当然のことながらどういう連想をするかは人によって異なる。しかし、やり方さえわかっていれば、どのような相手にもうまく連想させることができる。

人は付随した情報から連想してイメージを持つ

どの企業も有名人を起用して自社製品をアピールする。それは、有名人を自社製品と関連づけて消費者にイメージさせるのが目的だ。

たとえば、マイケル・ジョーダンはナイキのシューズとヘインズの下着を宣伝している。私たちは自分の好きな有名人が宣伝するのであれば、品質を知らなくても、特定の製品、サービス、アイデアに好感を抱く傾向がある。私たちは有名人が宣伝しているというだけでその製品を買うことすらあるのだ。

製品を宣伝するために有名人を起用するのは、非常によく用いられる手法だ。なぜ企業は莫大な費用をかけてまで、自社製品に対してイメージを連想させてくれる有名人を見つけようとするのか?

その理由はこうだ。有名人と同じカミソリでひげを剃り、同じコーンフレークを食べることによって、「自分はあの有名人と同じことをしている」「流行の先端を行っている」と思って安心や満足を得ることができる。要するに、有名人と同じようにすることによって、自分の欠点や力不足を覆い隠すことができるからだ。

富や名声、成功を自分と結びつけたがる人は多い。それはごく自然なことで、だからこそ私たちは、自分の敬愛する有名人と同じことをしたがるのだ。10代の子どもは親がいくらドラッグの害を警告しても無視するのに、好きなスターやプロスポーツ選手から「ドラッグには手を出すな」と言われると素直に従う。


有名人をCMに起用するときの大切な要素は、消費者と有名人との間に情緒的なつながりをつくり出すことだ。起用した有名人の好感度は製品やサービスに直結する。有名人と同じ靴を履いたり同じ車を運転したりすることによって、消費者は心の中で自分を有名人と重ね合わせるからだ。

ただし、CMに有名人を起用するときは要注意だ。その有名人がスキャンダルに巻き込まれると、その連想は即座に製品やサービスにおよび、企業イメージを傷つけることになりかねない。

そのような場合、企業はその有名人を厄介払いするかのように契約を解除する。たとえば、かつてマイケル・ジャクソンはペプシコーラのCMに出ていたが、子どもへの性的虐待の容疑で非難を浴びたとたんに契約を解除された。マイク・タイソンもペプシコーラのCMに出ていたが、レイプ事件を起こして契約を解除されている。

こんな例もある。1970年代、アメリカの自動車メーカーは輸入車を恐れていなかった。アメリカでは国産車を買うのがほとんどの家庭の伝統だったからだ。輸入車について連想するは、「安物買いの銭失い」というものだった。

ところがベビーブーマーたちは、親の世代の価値観を拒み、輸入車のほうが信頼性は高く、燃費もいいし、しかも低価格だと考えた。

そして、オイルショックがおきたとき、ネガティブな連想の対象はそれまでの輸入車ではなく、燃費が悪くガソリンを食う国産車へと移った。

その後の展開は誰もが知っているとおりだ。アメリカの自動車メーカーはこの連想の変化によって大打撃をこうむり、現在にいたってもなお、市場の大半を輸入車に奪われたままである。

■ 連想を生む3つの要素

1 匂い

匂いはなんらかの記憶をよみがえらせる。子どものころの思い出を連想させる匂いについて考えてみよう。ほんの数秒間、なんらかの匂いを思い出すだけで何十年も昔に戻ることができるはずだ。

人間の嗅覚は敏感で、私たちは匂いをすぐに記憶や感情と関連づけるのだ。嗅覚は脳の中枢と直接つながっている原始的な感覚だ。生後4週間から6週間までに赤ん坊は自分の母親の匂いと見知らぬ人の匂いをかぎ分けることができる。

匂いは人々にその他にもなんらかの反応を起こさせる。その例は無数にある。

たとえば、パン屋は周囲に焼き立てパンの香ばしい匂いを漂わせる。商店街ではさまざまな料理店がおいしそうな匂いをかがせようとする。

要するに、匂いを使って製品やサービスを連想させて人々の購買意欲をかき立てようとしているのだ。

2 音楽

あなたはなつかしい曲を聞くと学生時代を思い出すかもしれない。音楽は私たちにとってそれくらい強い力を持ち、すぐに記憶をよみがえらせるのだ。

脳が音楽を感情や過去の経験と結びつけるという点で、音楽は匂いとたいへんよく似ている。映画「ロッキー」や「ジョーズ」のテーマ音楽を思い浮かべてみても、この2つの曲はそれぞれ異なる感情を引き起こすはずだ。

多くのスポーツジムは入り口付近でテンポのいい音楽を流し、通行人にエネルギッシュで楽しい雰囲気を連想させようとする。

あるコンビニの店長は、店の前に若者がたむろするので頭を抱えていた。しかし、店にとって若者はお客様でもあるので追い払うわけにいかない。とはいえ、ドラッグや喧嘩も困る。そこで店長は、フランク・シナトラの曲を店の外で流した。その結果、若者たちは自然にたむろしなくなった。

音楽はたいへん強い影響力を持っているだけに、人を動かすためにはどういう音楽を使うべきかを綿密に検討する必要がある。企業はCMで流行歌や覚えやすい曲を使うことが多い。自分がCMの挿入歌をどれくらい多く覚えているか確かめてみるといい。きっと驚くはずだ。CMが流れるたびに、音楽が商品の魅力を増大させる。言語の異なる世界中のどの人にも共通する感情を呼び起こす力を持っているという点で、音楽はまさしく「世界共通語」なのだ。

3 色

膨大な調査によって、色はたいへん大きな説得力を持っていることがわかっている。

たとえばファストフードレストランやプロスポーツチームなどは自分たちを表現するために特定の色を選ぶ。色が気分や態度を表現していることは誰もが知っているとおりだが、ある物や人を受け入れたり拒絶したりする原因の60パーセントが色にあるという事実を、あなたは知っているだろうか？

色から受ける印象は、すぐに変わるものではない。潜在意識のレベルで起こるからだ。色は私たちに自動的に何らかの連想をさせて、思考、行動、反応に影響をおよぼす。

色はマーケティングと広告に不可欠な役割を果たす。色はたんなる見かけだけのものではなく、重大な意味を持っているからだ。

たとえば食品で好まれる色は赤、黄、橙、茶である。これらの色は人々の神経系統に自動的な反応を引き起こし、食欲を刺激する。ファストフードレストランは赤、黄、橙で装飾を施す。これらの色は「興奮色」として知られ、食欲を刺激して早く食べるよう促す働きがあるからだ。

これらの明るい色と、高級レストランで使われている落ち着いた色を比較してみよう。高級レストランは青や緑を装飾に使う傾向があり、お客様にゆったりした気持ちで食事を楽しんでもらうための配慮がなされている。

色は人々の注意を喚起するためにも使われる。最も効果的な色は赤と橙だ。ただし、同じ色でも相手に与える印象が大きく異なる。たとえば赤は、一部の人たちにとっては大胆、攻撃、発展を意味し、別の人たちにとっては危険、怒り、血、罪を意味することがある。

シアトルにあるアメリカ海軍矯正施設でピンクが人の心を落ち着かせる作用を持っ

ているかどうか調べるための興味深い実験がおこなわれた。

まず、床を除いてすべてピンクに塗られた独房を用意して、敵対的で暴力的な囚人たちを入れた。ピンクの独房に入れられたのは1日にわずか10分か15分程度だったが、156日後に囚人たちの問題行動がなくなったのだ。

薬の色についてはどうだろうか？　研究によると、薬の色によって人々の連想が変わることがわかっている。科学者たちが薬の色による連想を調べたところ、ほとんどの場合、「白い薬は効き目が弱い」「黒い薬は効き目が強い」と感じることがわかったのだ。

別の研究では、青かピンクの薬を数人の医学生に飲ませ、鎮静剤か興奮剤のどちらかだと伝えた。実は、鎮静剤でも興奮剤でもなくプラシーボ（偽薬）だったのだが、青い薬を飲んだ医学生は眠気を感じ、ピンクの薬を飲んだ医学生は興奮するように感じたのだった。

さらに色は、食べ物の匂いと好感度を高めることもわかっている。たとえば、橙色の着色料を添加したオレンジジュースは自然な色のオレンジジュースより好まれ、甘みが強いと感じることがわかった。イチゴジュースやトマトジュースについても同様だ。これらのジュースは、色が赤ければ赤いほど好まれる。

ある実験で、コップの色によるコーヒーの匂いの感じ方の違いを調べた。200人を対象に、赤、青、茶、黄の4つの異なる色のコップに入れたコーヒーを飲ませた。

どのコップにも同じ銘柄の同じ濃さのコーヒーが入っていたが、黄色いコップのコーヒーは「薄すぎる」と感じ、青いコップのコーヒーは「マイルドすぎる」と感じた。

全体の75パーセントの人たちが茶色のコップのコーヒーを「濃すぎる」と感じ、85パーセントの人たちは赤いコップのコーヒーを「香ばしくてコクがある」と感じた。

これと同様の実験が美顔用化粧クリームについてもおこなわれた。

被験者はピンクと白のクリームを与えられた。どちらも成分は同じで色が違っていただけだが、どの女性も「ピンクのクリームのほうが敏感肌に効果があるように思う」と答えた。

別の実験では、被験者に洗濯用洗剤を与えて品質をチェックさせた。

もちろん、どの箱にもまったく同じ洗剤が入っていたのだが、箱の外側の色だけが異なっていた。青い箱、黄色い箱、青と黄を組み合わせた箱の3種類だ。

被験者は2週間の試用期間のあとで、青い箱の洗剤については「効き目が弱い」と答え、黄色い箱の洗剤については「効き目が強すぎる」と答えた。しかし、青と黄を組み合わせた箱の洗剤については「ちょうどよい」と評価した。

洗濯用洗剤に関する研究でも同様の結果が出ている。

心理学者のルイス・チェスキン博士は赤、青、黄の3つの色の粉末をつくり、その心理的作用を研究した。もちろん、洗剤の成分は同じである。

被験者たちは「黄色の洗剤では服がきれいにならない」「赤の洗剤では効き目が強すぎる」「青の洗剤が最適だ」と答えた。

このように、色は商品の売れ行きと説得力に大きな役割を果たす。色は言葉を介さずに感情、気分、思考、行動を引き起こすからだ。

色に関する一般的な連想をリストアップしてみよう。

・赤……強さ、力、怒り、危険、攻撃性、興奮
・青……冷静さ、真実、忠誠心、調和、献身、静けさ、リラクゼーション
・黄……明るさ、知性、敵意、賢明さ、陽気、けばけばしさ
・緑……平和、静けさ、若々しさ、繁栄、お金、忍耐、成長、希望
・橙……明るさ、不快、太陽、暖かさ、勇敢、活力、コミュニケーション
・紫……気高さ、情熱、権威、威厳、正直、神秘
・白……純粋、冷たさ、清潔、質素
・黒……絶望、悪意、邪悪、神秘、死
・灰……中立、虚無、優柔不断、抑うつ、退屈

心をつかむ法則 7
連想させる

■関連づけの代表的な4つの手法

たとえば、顧客を食事に誘うのは、よく使われるテクニックだ。なぜか？ 私たちはいっしょに食事をした相手を好きになり、その経験を大切にするからだ。

和気あいあいとしたゴルフ、ビーチでの週末、フットボールのチケット、エキゾチックな船旅。これらのことはすべて、顧客の心の中にポジティブな連想をさせる。

大学スポーツで圧倒的な勝利をおさめて優勝すると、その大学のロゴが入ったスウェットシャツが飛ぶように売れる。人々は自分を勝者と関連づけたがるからだ。

実際、ある研究で、フットボールチームが勝つと、その大学のスウェットシャツを着たがる学生が激増することがわかっている。勝利のインパクトが強ければ強いほど、その傾向に拍車がかかる。

では、最もよく使われている4つの関連づけのテクニックを紹介しよう。「広告を出す」「スポンサーになる」「イメージを利用する」「シンボルを利用する」の4つである。それらのテクニックは関連づけに独自の役割を果たしている。

1　広告を出す

広告会社は関連づけのテクニックを使って、消費者の心にポジティブな連想をさせる。たとえば、赤ん坊や子犬が人々の心の中に温かさと安らぎを連想させる効果があることを駆使する。車やタイヤなどの関連性の見当たらない商品のＣＭに、抱きしめたくなるような赤ん坊や子犬が登場するのは、そういうわけだ。

関連づけの最も一般的な例として、タバコやアルコール飲料の広告について考えてみよう。

当然、タバコのＣＭに肺がん患者が登場することは絶対にない。タバコ会社はいかにも健康そうな若者をタバコのＣＭに起用する。

また、ビール会社は消費者に「ビールを飲むことは楽しいし、異性を惹きつけることができる」という連想をさせようとして、男女がビールを飲んで楽しく過ごしている姿をＣＭに映し出す。消費者から見てもこれがただの宣伝にすぎないことは明らかなのだが、ＣＭによる連想は私たちの心の中に記憶として焼き付けられる。

2　スポンサーになる

心をつかむ法則 7

連想させる

企業は人々にポジティブな連想をさせるようなイベントのスポンサーになる。そのポジティブな連想が自分たちの企業の利益につながることを望んでいるからだ。

だからこそ、オリンピックには多くのスポンサーがつく。企業はみずからの名前と製品がオリンピックを連想させることを期待して莫大なスポンサー料を払う。当然だろう。世間の人々に平和、団結、忍耐、決意、成功、金メダルという連想をしてほしくないと思う企業がどこにあるだろうか？

3 イメージを利用する

私たちが目にする光景は、心の中になんらかのイメージをつくり出す。アメリカの歴代大統領のほとんどがホワイトハウスで犬をペットとして飼っていたのは偶然ではない。従順でかわいらしい犬がその飼い主のポジティブなイメージにつながることを計算しているからだ。もし、ネコやハムスター、ヘビ、イタチ、毒グモなどを飼う政治家がいたら、私たちはどんなイメージを持つだろうか？

日常生活でさまざまな決定をする際に、私たちがイメージに大きく影響されるのはよく知られているとおりだ。

たとえば、ほとんどの人は、普段着を着ている人よりサンタクロースの衣装を着ている人に寄付をしやすい。

クレジットカード会社は、イメージを最もよく利用する業種の一つだ。すぐに喜びが得られ、いやな支払いを数週間も延期できるというイメージを抱かせて、心置きなくカードを使ってもらう。

消費者に関する研究で知られるリチャード・ファインバーグは、クレジットカードが消費者行動におよぼす影響を調べるためにさまざまな研究をし、たいへん興味深い結果を得た。

たとえば、レストランの常連客は現金払いのときよりカード払いのときのほうがチップをたくさん払うというのだ。また、売り場にクレジットカードが使えるという表示があると、消費者の出費額が29パーセント増加することもわかった。

さらにファインバーグは、人々が慈善事業への寄付を求められた際にも同じ結果になることを発見した。クレジットカードの表示があるときは全体の87パーセントの人たちが寄付に応じたが、そうでないときはその割合はわずか33パーセントだった。

この研究によって、人の心をつかむために連想の技術が効果的に使われている実態が明らかになった。

クレジットカードの持つイメージが人々の心の中に連想を引き起こし、現金を気がねなく使わせることができるのだ。

4 シンボルを利用する

現代社会はシンボルに満ちている。シンボルは思考や論理を超越し、人々の認識と行動に影響をおよぼす。

金（ゴールド）を例にとって考えてみよう。金の発掘については無数のエピソードが残っているが、発掘が困難な貴金属は他にもある。では、なぜ金はそれほどまでに注目を浴びるのだろうか？　金こそは、富と成功のシンボルだからだ。

シンボルを見れば、メッセージを理解するのに役立つ。たとえば、誰でも赤信号を見ると自動的に反応を起こす。多くのドライバーは路上でパトカーを見ただけでブレーキをかけて速度を落とす。

シンボルをうまく使いさえすれば、あなたの利益になるように相手の感情や行動に影響をおよぼすことができる。だからこそ、企業はシンボルを使って消費者をたくみに操ろうとする。2歳の幼児ですら、マクドナルドの黄色のアーチに反応するくらいなのだ。

では、あなたは次のシンボルを見たとき、どういう感情、記憶、行動を呼び起こすだろうか。

・十字架
・国旗
・五輪
・ウェディングドレス
・クリスマスツリー

人を動かそうとするときは、シンボルがその人にどういう反応を起こさせるかを知っておかなくてはならない。シンボルにはさまざまな種類がある。自由のシンボル、成功のシンボル、繁栄のシンボル、などなど。自分が提供している製品にぴったり合う連想をさせるために必要なシンボルを見つけることが大切だ。

「連想させる」ための2つのポイント

1 ─ 「匂い」「音楽」「色」を使う

2 ─ 広告を出したり、スポンサーになったりする

心をつかむ法則

8

感情と理性の両方に訴える

[Balance]

感情と理性の両方に訴える

相手の心をつかんで離さないようにするためには、相手の感情と理性のバランスをうまくとることが非常に大事だ。感情と理性のどちらか一方だけを使って相手を動かすこともできるが、それではバランスがとれておらず、その効果は一時的なものにすぎない。

デール・カーネギーはこんなことを言っている。

「人と接するときは、相手が理性の生き物ではなく感情の生き物だということを覚えておく必要がある。人間というのは偏見に満ち、プライドと虚栄心によって行動している生き物なのだ」

感情は非常に大切だが、人を動かすときに感情だけに頼ってはいけない。その場から立ち去ったあとで相手の感情が静まり、行動するための具体的な根拠がなくなってしまうからだ。一方の理性は、感情の基盤をつくり出す役割を果たす。感情と理性の微妙なバランスは、人を動かすために不可欠である。

人は感情で決めたことを理性で正当化する

心をつかむ達人は、人それぞれ感情と理性のバランスが異なることを知っている。分析的なタイプの人は感情より理性を重視し、感覚的な人は理性より感情を重視する。しかし、相手がどのようなタイプの人であっても、自分の発するメッセージに感情と理性の両方をバランスよく取り入れるように配慮しなければならない。

感情だけにもとづいたメッセージは、論理性がなく説得力に欠ける。逆に、理性だけにもとづいたメッセージは、相手の感情に訴えかけることができない。心をつかむ達人は、説得力のあるメッセージを発信するために感情と理性の絶妙なバランスを心がけているのである。

複数の研究によると、私たちの決定の90パーセントまでが感情に根ざしているという。しかし、その決定を正当化するために理性を使う。つまり、私たちは感情的に決めたことを論理的に正当化するわけだ。

多くの人が抱いている、ヘビへの嫌悪感について考えてみるといい。「そういう感

心をつかむ法則 8

感情と理性の両方に訴える

情は非合理的だ」といくら論理的に説得しようとしてもムダである。ヘビへの嫌悪感は変わらない。

この種の感情は、何かを買ったり確信したりするときにも見受けられる。たとえば、何足も靴を持っているのに新たに靴を買うのは馬鹿げていると理性ではわかっていても、感情的にはもう一足買いたくなるのがそうだ。

■ 感情は理性にまさる

理性が顕在意識に訴えるのに対し、感情は潜在意識に訴える。多くの場合、感情は理性より重みがある。

たとえば、地面に角材を置いて、その上を歩くことを想像してみよう。簡単にできるはずだ。では、今度はその角材を二つの高層ビルの間に架けて、その上を歩くことを想像してみよう。

論理的には同じ行為なのだが、できないはずだ。「落ちたらどうしよう」という感情が、「角材の上を歩くことは簡単だ」という理性を打ち負かしたのである。

『ニューヨーク・タイムズ』紙に行動心理学に関する論文を寄稿しているダニエル・ゴールマン博士は、「人生で成功をおさめるためには、高い知能指数（ＩＱ）を持つことより、感情を理解することのほうが大切だ」と主張している。高い知能指数の持ち主であっても、基本的な対人技術が欠如しているために仕事でつまずくのはよくあることだ。

ゴールマン博士は対人技術の度合いを「感情指数（ＥＱ）」という言葉で表現している。感情指数とは、自分と相手の感情を把握して自分の思考と行動を調整する能力のことであり、感情の抑制、モチベーション、共感や自覚、社会性も含まれる。ゴールマン博士は「感情指数は人間関係や仕事、さらには健康をも大きく左右する」と強調している。

人々の心をつかむときには、感情は議論をうまく展開するための基本になる。

実際、相手の感情に訴えかけないかぎり、あなたのメッセージは説得力が乏しい。理性は重要だが、退屈で平凡なやりとりをワクワクするものにするのに役立つのは感

感情と理性の両方に訴える

情である。

理性に比べて感情は、次の5つの点で強い影響力を持っている。

1 相手の注意を引きつけることができる。
2 理性より効率的に相手に訴えかけることができる。
3 論理的な議論より感情的な議論のほうが記憶に残りやすい。
4 理性より感情のほうが相手に素早く変化を起こさせることができる。
5 一般に、理性的に構築したプレゼンテーションよりも、感情的なプレゼンテーションのほうが相手の興味を引くことができる。

■論理的な説得をするための4つの根拠

論理的に説得をするためには、確固たる具体的根拠が必要となる。根拠は議論の説得力を増すだけでなく、信頼性を著しく高める。

具体的根拠には4つの要素――「証言」「統計」「比喩」「実例」が必要である。これらをすべて取り入れて説得すれば、相手の心の中にくすぶっている疑念を取り除くことができる。

1　証言

証言とは、特定の分野に関して専門家と言われる人たちの判断のことだ。

たとえば、信頼できる人の文章の引用やインタビュー、推薦の言葉などである。あるいは、イベントなどに出席してもらう、製品に顔写真を載せる、製品にサインしてもらうなどの形をとることも効果がある。

2　統計

統計を用いれば、主張を数字で証明できる。

たとえば「5人中の歯医者さんのうち4人が推薦しています」というのがそうだ。それに加えてグラフや表を使うと統計の説得力が増し、記憶に残りやすくなる。

統計による証明に疑問を抱く人もいるので、信頼できる統計を使わなければならない。どこから情報を入手したか、誰が調査をしたか、といったことだ。

さらに、自分の都合のいいように情報を操作しているのではないかと疑う人もいるので、統計を使うときは必ず他の根拠と併せて慎重に使うようにしなければならない。ただし統計を使いすぎると、相手が退屈するおそれがあることも知っておこう。

3 比喩

比喩は相手の心に大きなインパクトを与える。比喩を使うと、要点を迅速かつ的確に伝えることができる。

たとえば「当社のホームセキュリティシステムを設置すれば、警官が24時間体制でご自宅の玄関前を警備しているようなものです」というのがそうだ。耳慣れない新しいことであっても、比喩の助けを借りれば日常的な物事になぞらえることができる。

4 実例

実例をあげることには、根拠に現実味を持たせ、説得力を増す効果がある。実例は個人のエピソード、研究結果、記事などから持ってくるとよい。

根拠を明白にする

誰かに何かを伝えようとするとき、相手がすべての情報を吸収するのは不可能であることを理解しておくべきだ。私たちは起きている間、絶えず情報にさらされているが、ほとんどそれを吸収していない。どの情報を取り入れるかについて非常に慎重だ。テレビのメッセージの理解度に関する研究で、たいへん興味深い結果が出た。CMを見たあとで調査をしたところ、視聴者全体の97パーセントがメッセージについてなんらかの誤解をしていたのだ。そして、平均すると、視聴者は自分が見た内容の約30パーセントを誤解していた。情報があまりにも速く流されることが原因だ。

自分の議論を強固にするために、どういう根拠を使うべきか十分に調査しておく必要がある。適切な情報源から得た適切な根拠を使えば、メッセージの信憑性を著しく高める。その逆も真だ。薄弱な根拠はメッセージの信憑性を損なう。

根拠を示すときは、次の４つを考慮しよう。

感情と理性の両方に訴える

1 すべての証言の情報源を調べる。
2 新しい情報を使う。一般に、新しいデータのほうが古いデータより説得力がある。
3 相手の信念と一致する根拠を使う。人は自分の価値観で物事を評価するから、相手の信念と一致する根拠を使うと説得力を増す。
4 反対意見を認めて取り入れることによって信憑性を高める。一方的に聞かせるより双方向から議論するほうが、はるかに説得力が増す。

「感情と理性の両方に訴える」ための4つのポイント

1 ― どちらか一方に頼ってはいけない
2 ― 相手のタイプによって感情と理性のバランスを変える
3 ― 感情は常に理性にまさることを覚えておく
4 ― 「証言」「統計」「比喩」「実例」を使って論理的に話す

心をつかむ法則 9

絆をつくる

[Connectivity]

心をつかむ法則 9

絆をつくる

私たちはみな、ほんの数秒間いっしょにいただけで相手との結びつきを感じた経験があるはずだ。それに対し、「この人とはいっしょにいたくない」と感じたこともあるだろう。その違いは相手との結びつきの有無であり、それがわかるのにはわずか数秒しかかからない。

相手があなたとの結びつきを感じれば感じるほど、あなたの説得力は増す。結びつきを感じた相手とは絆が生まれ、その人の言うことに耳を傾けようとするからだ。

絆をつくるには、主な要素が４つある。

「魅力」「類似性」「社交術」「ラポール」だ。

相手と結びつくためには、誠実な態度、練習の積み重ね、相手への関心が必要になる。何をするにしても、人間関係を軽んじてはいけない。

■人は好感を持った相手のことは何でも好意的に捉える

よい面でも悪い面でも、その人の目立つ特徴に引きずられて、全体の評価が決まってしまう。「ハロー（威光）効果」と呼ばれる現象だ。

特に、ポジティブ・ハロー効果と呼ばれるものは、人を評価するときに、学歴や肩書など特定の項目の評価が高いと感じると、別の項目も高くしてしまうというものだ。つまり、私たちは相手に好感を持ってもらえさえすれば、間違いを許され、いい面だけを記憶してもらえるようになるのだ。

その一例として、裁判の判決は証拠にもとづいて下されるのが建前だが、実際の裁判では被告の魅力が大きな違いを生んでいるという事実がある。

ペンシルベニア州で行われた研究では、裁判の前に74人の被告男性の魅力を評価した。その後の裁判結果を調べたところ、なんと、ハンサムな男性は比較的軽い刑を科されていることがわかった。ハンサムな男性はそうでない男性に比べて2倍の率で刑務所行きを免れていたのだ。

さらに、被害者より容姿の優れている被告の罰金は、平均5623ドルの罰金なのに対し、被害者より容姿の劣っている被告は平均でその2倍の罰金を科せられていることがわかった。この先入観は男女どちらの陪審員にも共通していた。

ハロー効果は選挙にも影響をおよぼすことが知られている。カナダの連邦選挙委員会は、容姿の優れている候補者はそうでない候補者より得票数が2・5倍も多いことを発見した。投票者への調査では、73パーセントが「候補者を容姿で判断するようなことは決してしていない」と強く否定し、14パーセントが「その可能性もないわけではない」と含みのある答え方をした。

魅力の威力は、異性と接するときにさらに増大する。美しい女性はそうでない女性より簡単に男性を説得できるし、ハンサムな男性はそうでない男性より簡単に女性を説得できる。

これを利用した事例はいたるところで見受けられる。自動車メーカーは製品の展示会を開くとき、セクシーで美しい女性モデルを起用する。ある研究で、CMに美しい女性モデルを起用すると、男性はその車の速さ、魅力、高級感、デザイン性を高く評価することがわかった。

どの業種の店でも店長は、来店した若い男性に美しい女性店員に担当させようとするのはよくあることだ。ほとんどの店長は認めようとしないが、より多くの客を呼ぶために美しい女性店員を採用する傾向がある。


外見はさまざまな状況で大きな意味を持つ。複数の研究で、男女を問わず、容姿の優れた人は、そうでない人と比べてより幸せで、頭がよくて、友好的で、好感度が高いと判断されることがわかっている。また、容姿の優れた人は、いい仕事に就き、いい結婚相手になる傾向があるとも思われやすい。

ハロー効果は容姿の優れた人々へのポジティブな評価を招く。その結果、私たちはその人たちのようになりたいと思い、その人たちから好かれたいと願う。

衣服も、魅力を感じさせることに役立つ。

フリード、チャンドラー、ムートン、ブレイクの4人の研究者は、歩行者がどれくらい信号無視をしやすいかという調査をした。身なりのいい人が赤信号を無視して横断歩道を渡ると、信号が変わるのを待っていた周囲の人々の14パーセントがつられて横断歩道を渡った。翌日、同じ人がだらしない服装をして同じ場所で同じ実験をしたところ、つられて横断歩道を渡った人は全体のわずか4パーセントにすぎなかった。

同様の効果は社員採用の際にも見られる。ある研究で、応募者が身だしなみを整えて面接に望んだところ、当人の実際の技能よりも高い評価を受け、合格した。ところが面接官は、「選考の際に応募者の外見はほとんど考慮していない」と主張した。

私自身、旅行中の服装が待遇と大きな関係があることを実感している。カジュアルな服装のときと比べて、スーツを着ているときのほうが、客室乗務員の対応がはるかに丁寧なのだ。それに対しジーパンとTシャツ姿のときは、あまりいい対応をしてもらえない。

服装などはどうでもいいという姿勢でいると、損をするのは確実である。

■共通点をみつけて親近感を抱いてもらう

類似性の法則とは、自分に似ている人を好きになりやすいというものである。意見や個性、家柄、学歴、教養、ライフスタイルなどの何かしら共通点があると、引きつけられ、相手に親近感を抱くことが、複数の研究でわかっている。パーティーの様子を観察すれば、似た者どうしがすぐに集まるのが一目瞭然だ。

相手の心をつかむのがうまい人を観察していると、さまざまなシーンで自分が相手に似ていることを強調しているのがわかる。

外国の街角を歩いているとき、偶然、私と同じアメリカ人であろう男性と出くわしたときのことを覚えている。おたがいに異なる地域の出身だったかもしれないが、同じアメリカ人というだけですぐに親しくなった。見知らぬ土地で他人との共通点が見つかるのは、それくらい嬉しいことなのだ。

「人は好きな人から物を買う」という格言がある。この心理は裁判にもあてはまる。陪審員があなたとの共通点を見いだし、たとえ無意識のレベルでもあなたに好感を持

心をつかむ法則 9

絆をつくる

てば、あなたが勝訴する可能性は飛躍的に高まる。相手が共感できるような点をアピールすればするほど説得力は増す。

同様に、人々は自分と同じような服装をしている人に親しみを感じる。1970年代に若者が「ヒッピー」か「普通」かのどちらかの服装をしていたころ、研究者が服装の持つ影響力を調べた。それぞれの服装をし、キャンパスの大学生に「公衆電話を使いたいので10セント硬貨を貸してほしい」と頼んだ。その結果、研究者が相手の学生と同じような服装をしていたときは3分の2の確率で硬貨を貸してもらえた。しかし、まったく違うタイプの服装をしていたときは、硬貨を貸してもらえた確率は半分以下でしかなかった。

派閥は性別や年齢、学歴、職業、趣味などの共通点にもとづいていることが多い。ある研究で囚人の派閥を調査したところ、人種、出身地、犯罪の種類にもとづいていることがわかった。

研究者はその過程で、ある3人組に興味を持った。なんの共通点もないように見えるのだが、なぜか固い絆で結ばれていたからだ。研究が終わりに近づいたとき、3人組はいっしょに脱走した。固い絆を生んだ共通点は「目標」だったのだ。

マクロスキー、リッチモンド、デイリーの3人の研究者は、類似性の法則に不可欠な4つの要素を指摘している。それは「考え方」「価値観」「外見」「背景」だ。説得を受け取るとき、私たちは無意識に次のことを自問しているのだ。

・相手は私と同じような考え方か？
・相手は私と同じような価値観か？
・相手は私と同じような外見か？
・相手は私と同じような背景を持っているか？

広告はこれを駆使してつくられている。CMの制作者は、どこにでもいそうな人を登場させ、視聴者に「私と同じように家中が散らかっている」とか「朝、急いでいて靴下を履く時間もないのは私とそっくりだ」と思わせる工夫をする。

この4つの要素の中で、最も重要なのは「考え方」と「価値観」である。そこで、

心をつかむ法則 9

絆をつくる

心をつかむ達人は、相手と共通する考え方と価値観を常に探し求める。

■ 社交術で良好な人間関係を構築する

人とうまくやっていく能力は、成功者に共通する最大の資質である。複数の研究で、人生の成功の85パーセントが対人技術と好感度によることがわかっている。実際、カーネギー研究所によると、仕事の成功の中で技術力や知能が占める割合はわずか15パーセント程度で、残りの85パーセントは人とうまくやっていく能力にあるという。

さらにハーバード大学の研究では、人とうまくやっていけないために失業した人は、仕事がうまくできないために失業した人より2倍多いことがわかっている。

現代は科学技術が人々の生活に浸透している時代だけに、人とうまくやっていく能力などはそれほど重要ではないと考えてしまいやすい。しかしその反面、現代人はこれまで以上に人とのふれあいに飢えている。私たちは説得によって心を開くより先に、相手を知って好きになりたいと思っている。だからこそ、自分が好感を持っている親しい人の頼みには「イエス」と言うのだ。

対人技術は、成功に大きなインパクトを与える重要な技術である。第一印象は見知らぬ人との最初の出会いから4分以内に決定されるから、すぐれた対人技術を持っていないことは致命的だ。ここで、最も重要で基本的な、コミュニケーションのテクニックについて説明しよう。

●善意を持つ

人間の心理をたいへんよく理解していた偉人デール・カーネギーは、「人を説得するときは善意が大きな意味を持つ」と力説した。カーネギーによると、相手に興味を示せば、相手に興味を持ってもらおうとするよりも、早く好いてもらえるという。「善意を持つ」とは、友好的な姿勢で相手の最大の利益に関心を寄せることを意味する。アリストテレスは「人々は、自分にとっていいことを願ってくれて、悪いことが起こったときに痛みを感じてくれる人を友人とみなす」と言っている。

善意とは、相手への思いやりと丁寧さと礼儀を大切にして行動することを意味し、

心をつかむ法則 9

絆をつくる

すべての交友関係の基盤になる。善意があれば、相手の心をつかむことができる。

相手のポジティブな側面に意識を向けよう。相手が傷つきやすい分野については辛辣なことを言ってはいけない。また、相手の最大の利益を考慮していることを示す言動を心がけることが大切だ。

●名前を覚える

人とすぐに絆を結ぶ一つの方法は、相手の名前を覚えて使うことだ。

では、どうすれば人の名前を覚えることができるか？　相手の名前を聞いたら、「〇〇さんですね」と声に出して確認し、何かに関連づけて、忘れないうちにそれを使えばいいのだ。

研究によると、直接話すときでも手紙を書くときでも、初めと終わりに相手の名前を使うと説得力が増すという。これは簡単に実行できて、すぐに絆をつくれるテクニックだ。

「私は人の名前を覚えることが不得意だ」などという陳腐な言い訳をしてはいけない。人の名前を覚えることは記憶力の問題ではなく、相手に意識を向けているかどうかという問題なのである。

●ユーモアを入れる

ユーモアは人と絆をつくる強力な道具になる。

ユーモアがあれば親しみが増すし、意識をむけてもらえるし、メッセージを覚えてもらいやすくなる。また、緊張をやわらげ、人間関係を強固にし、相手にやる気を起こさせる働きもある。

もしあなたが相手を笑わせることができれば、相手はあなたのことを好きになり、あなたのアイデアに心を開いてくれるだろう。

心をつかむ達人は、ユーモアが強力な道具になることを知っている。広告会社はそのいい例だ。実際、テレビCMでユーモアが使われている割合はアメリカで24パーセント、イギリスでは36パーセントにのぼる。

ユーモアはまた、ネガティブな議論から相手の注意をそらしたり、聞いていない人の意識を向けさせる効果もある。「相手を笑わせることができさえすれば、ほとんどどんなことでも言うことができる」と言う人すらいる。ユーモアは相手の疑念を取り除き、反論しようという気持ちを萎えさせるからだ。

とはいえ、ユーモアは注意深く使わなければならない。不適切な使い方をすると反感を買い、相手にそっぽを向かれてしまうおそれがあるからだ。

もしジョークを言うのが得意でないなら、相手の心をつかもうとして無理にジョークを言わないほうがいい。また、ジョークの内容については慎重を期するべきだ。面白くないジョークは効果がないだけでなく、相手の気分を害するおそれすらある。相手に合わせて適度なユーモアを心がけることが大切だ。

●笑顔を見せる

対人技術を高める最も安全な方法は、笑顔を見せることだ。

笑顔は無料であり、すばらしい第一印象を与え、幸せと自信の証しになる。笑顔は相手と会えて嬉しいという素直な気持ちを示す。その結果、相手はあなたに会うことに喜びを感じる。笑顔を見せれば、相手は自分が受け入れられていると感じ、あなたをますます信頼するようになる。

笑顔を見せながら接客する販売員は、成功率を20パーセント高めることがわかっている。とはいえ、ユーモアと同様、笑顔を見せるときは節度をわきまえなければならない。

●信頼を得る

メッセージをしっかり受け止めてもらうためには、相手の信頼を得なければならない。信頼されればされるほど成功の度合いが大きくなる。

信頼を得るには時間がかかることが多いが、その過程を短縮するためにできることはいくつかある。

まず、相手がしてくれたことに感謝しよう。次に、その人を批判したり、自分の問題について話したりしてはいけない。さらに、相手が自分の問題について話しているときは、じっくり耳を傾けよう。自分や自分の問題について話したがる人は多い。あなたが耳を傾ければ、相手は理解してもらえていると思い、あなたに信頼を寄せるはずだ。

次のことを心に銘記しておくといい。

相手があなたについてどう感じるかは、あなたがその人をどういう気分にさせるかに影響される。相手を気分よくさせることができれば、あなたの好感度は必ずアップする。

■おたがいを尊重できる信頼関係を築く

ラポールとは、心理学用語で「相手との共感に基づいた親密なつながり」のことである。ラポールは、その人との信頼関係をつくるカギになる。

あなたは初対面の人と出会ってすぐに意気投合したことはないだろうか？　たいへんウマが合うので、まるで旧知の仲のような気がした経験があるにちがいない。その人とはどんな話題でも話がはずむので、時間がたつのを忘れるほど楽しい。そう、ラポールが構築されていたのである。ラポールがあれば、たとえ意見が一致しなくても相手と心が通じ合う。

ラポールに重要な、ボディランゲージ（身体言語）とミラーリング（反映）について説明しよう。この2つは、相手とのラポールをはやく構築するのにたいへん役立つ。

●ボディランゲージ

気づいているかどうかは別として、私たちはいつも相手を読み、相手に読まれている。たとえ言葉を使わなくても、ボディランゲージは明確なメッセージを発しており、相手はその解釈を無意識におこなっている。たとえば、相手が腕組みをして目を細めた場合、その動作は私たちの潜在意識の中で、抵抗、疑念、悪意と解釈される。その結果、私たちは不安を感じるのだ。

ボディランゲージを最大限に活用することは、ラポールを構築し維持する技能を体得するだけでなく、相手のボディランゲージを解釈する能力を養うことにも役立つ。相手のボディランゲージを正しく解釈できれば、反感や疑念、不快感、緊張感といったさまざまな感情を見抜くことができる。

あなたは、自分のボディランゲージが自分にとってプラスかマイナスのどちらになっているかを意識しなければならない。あなたが無意識にしているしぐさや表情は、あなたの説得力を強めることもあれば弱めることもあるのだ。適切なしぐさと表情を選択すれば、相手とのラポールを構築することができる。

あなたの言葉遣い・表情・手の動き・声の調子・視線が相手にメッセージを送り、それによって相手はあなたの説得を受け入れるかどうかを決定する。

ボディランゲージの権威として知られるアルバート・メーラビアン博士（カリフォルニア大学ロサンゼルス校名誉教授）は、人間が相手を認知する際、ボディランゲージと声の調子と言葉の内容が果たす効果の割合は次のようになると発表している。

・ボディランゲージ　55パーセント
・声の調子　38パーセント
・言葉の内容　7パーセント

他の研究では、人間が発するメッセージの影響による93パーセントまでが、表情や体の動き、発声、対人距離といった言語以外の要素に左右されると推測されている。

ボディランゲージとジェスチャーは、人間が生まれながらにして持っている特質だ。この分野については興味深い研究が数多くある。

たとえば、ウンガー、ブレイズ、スペンサーの3人の専門家による研究では、目が見える12人の子どもと、生まれつき盲目の12人の子どもを対象に、どちらの集団がより頻繁にジェスチャーをするか観察した。

その結果、生まれつき盲目の子どもは、目が見える子どもとまったく同じ回数でジェスチャーをした。しかも、相手が自分と同じように盲目であることを知っていても同じ結果だった。研究者は、「ジェスチャーは生まれつきの表現様式の一部であり、話し方とボディランゲージは密接に関連している」と結論づけた。


さらに「話し方とボディランゲージは思考プロセスにも強いつながりがある」と主張する研究者もいる。ジェスチャーが記憶の助けになるというのだ。

心理学者のジョン・カートン博士の報告によると、被験者は両手を自由に動かせるときより、棒をつかんで両手をじっとさせているときのほうが単語を覚えるのに苦労したという。

ボディランゲージを読みとる能力と人間関係の間には直接的な相関関係がある。

ある研究で、大学生が他人の表情と声の調子を正確に読みとれるかどうかを実験した。その結果、興味深いことに、正確に読みとれる確率が最も低かった学生たちは、人間関係もうまくいっていないことがわかった。

●ミラーリング

「ミラーリング」というコンセプトを考案したのは、神経言語学プログラミングの創始者ジョン・グリンダーとリチャード・バンドラーである。ミラーリングとは、自分がミラー（鏡）になったかのように、自分のしぐさを相手のしぐさに合わせて調整することだ。

ただし、ミラーリングは相手の真似をすることではない。もしあなたが相手の真似をすれば、相手はからかわれているように感じて気分を害するかもしれない。相手はあなたを不誠実な人物だと感じて信頼しなくなるだろう。

したがって、露骨に相手の真似をするのではなく、全体の調子や動作を合わせることが大切だ。

あなたはミラーリングを通じて相手との信頼関係を構築することができる。相手はおたがいに動作が似通っていると感じ、あなたとの結びつきを感じるだろう。

ここで思い出してほしい。人々は自分と似ている人に従おうとする傾向がある。相手があなたと共通点があると無意識に感じるかどうかがポイントなのだ。

私たちは相手のしぐさに合わせて自分のしぐさを無意識に調整している。それはごく自然なことだ。人々は社交の場でおたがいにしぐさを合わせている。心をつかむ達人は、ミラーリングのテクニックを良心的かつ効果的に使っている。詳しく説明しよう。

①言葉のミラーリング

相手と似た語彙を使うことは驚くほど効果がある。相手が使っている単語や表現を覚えて使ってみるといい。

また、その人の話す速度に合わせて話すことも効果的だ。相手がゆっくり落ち着いた調子で話すなら、あなたも同じことをすればいい。

②呼吸のミラーリング

相手の呼吸のパターンに合わせることも効果的だ。胸や肩が上下するのを観察するといい。もちろん、その人と目を合わせながら、さりげなくすることがポイントだ。

③声のミラーリング

声のミラーリングは言葉のミラーリングとは異なり、相手の声の調子に合わせることを意味する。

ただし、相手の真似をしていると思われないように気をつけなければならない。自分の本来の声の調子とあまりにも違っていると相手に不信感を抱かせるおそれがあるので要注意だ。結びつきを構築するために必要な最小限の調整にとどめるといい。

④気分のミラーリング

相手の気分をミラーリングすれば、その人の言動と感情を受け入れたということが伝わる。やり方は、このように相手の言ったことを繰り返すのだ。たとえば、「つまり、あなたが言っているのは……ということですね」「もし私も……という経験をすれば、同じように感じると思います」というのがそうだ。

ただし、気分のミラーリングをするときは、誠実な気持ちが伝わるように気をつけなければならない。相手の意見や感情を誠実な気持ちで受け入れれば、あなたの説得力は確実に増す。

⑤テンションのミラーリング

常に冷静な人もいれば、常に活発な人もいる。相手のテンションに合わせることがポイントだ。これもまた、相手との結びつきを構築するための微妙なテクニックである。複数の人を前にプレゼンテーションをするときでも、その場のテンションに合わせることは効果を発揮する。

心をつかむ法則 9

絆をつくる

「絆をつくる」ための5つのポイント

1―自分の外見に気を配る
2―相手と自分の共通点を強調する
3―相手に興味と思いやりを持つ
4―相手の話をじっくり聞く
5―ミラーリングをする

心をつかむ法則

10

関わってもらう

[Involvement]

心をつかむ法則10

関わってもらう

人を動かすには、相手を巻き込み、その人が行動を起こすように働きかける必要がある。

そして、その人に行動を起こさせることができたならば、本人がそれを最後までやり遂げる可能性は高くなる。

深く関われば関わるほど、スタートからゴールまでの心理的距離は短く感じられるからだ。

目標はたんなる考えではなく、現実に近づくのである。

人は関わったことにはちゃんと動こうとする

私たちは自分が受け身の態勢のことについては、どうしても他人ごとに感じてしまうものだ。そして、他人ごとのままだと、なかなか決定したり、自分から動いたりすることはない。相手に動いてもらいたいなら、自分ごととして関わってくれるよう導くことが必要だ。

相手に関わってもらえるようにするためには、次の8つのテクニック――「参加してもらう」「雰囲気をつくる」「相手の注意を引きつける」「質問をする」「諦めずに粘る」「未完成な状態にする」「競争心をかき立てる」「五感を使ってもらう」――が非常に効果的である。

参加してもらう

商店やショッピングモールのオーナーは、「参加させる」というコンセプトをよく理解している。お客様の視線に合わせて、より多くの時間を過ごすように店内の配置

心をつかむ法則 10

関わってもらう

を工夫し、「いらっしゃいませ、こんにちは」と声をかけることによって、お客様を取引に参加させようとする。店内にいる時間が長ければ長いほど、客は多くのお金を使うからだ。

たとえば家電量販店では、買わない人は平均5分6秒しか店内にいないが、買う人は平均9分29秒もいる。玩具店では、買わない人は最長で10分しかいなかったが、買う人は最短でも17分いた。買う人は買わない人より4倍も長く店内にいたことすらある。

●ロールプレイ

もっと参加してもらいたいと思ったら、ロールプレイというテクニックを使うことだ。ロールプレイは、なんらかの役割を演じさせることで態度の変化を促す非常に強力な方法である。ロールプレイがどれほど威力を発揮するか紹介しよう。

ある実験で、人々にタバコをやめさせる目的でロールプレイのテクニックが使われた。被験者は、気管支炎でせき込む演技をさせられ、レントゲン写真を撮り、肺がんであることを告知された。その結果、喫煙と肺がんとの関係を学習しただけの喫煙者より禁煙率が高くなったのだ。

別の研究では、学生に被験者になってもらい、どのような方法が禁煙キャンペーンに効果があるかを調べた。片方のグループは、喫煙の害に関するプレゼンテーションをするよう求められた。もう片方のグループは、プレゼンテーションを見るだけだった。

その結果、当然のことながら、前者のグループのほうが後者のグループより喫煙について否定的な感情を抱いた。

●助言を求める

参加してもらうには、助言を求めることも効果的だ。

「何かいい考えはありませんか？」
「あなたはどう思いますか？」
「私はどうすればいいのでしょうか？」

関わってもらう

「私のやり方は正しいですか？」

「あなたの意見を言ってください」

などの言い方は、聞き手の関心をすぐに高める効果がある。


アドバイスを求めるとその人の表情が生き生きするのが確認できるはずだ。

たとえば、近所の人に「フェンスの修理で困っているのですが、手伝ってもらえませんか？」と言ったとしよう。たいがい、相手は「今、忙しいので、そんなヒマはありません」と断るだろう。それに対し「フェンスの修理で困っているのですが、いいアイデアがあれば教えてもらえませんか」と言ったらどうなるか？　おそらく、相手の反応はかなり好意的であるはずだ。

私たちはみんな、「誰かに必要とされたい」という欲求を生まれつき持っている。その欲求を満たすことのできるこの方法は、相手の心をつかんで行動を起こさせるきっかけをつくることができる。

●具体的な映像をイメージさせる

自分の提供している製品やサービスがどれほど役に立つかを、相手の視覚に訴えることによって、その人を取引に参加させることができる。たとえば、不動産業者はお客様に住宅を見せて、一家で団らんしている様子を視覚化させようとする。

ある実験で、研究者が戸別訪問をしてケーブルテレビの勧誘をした。その際、「ケーブルテレビがさまざまな娯楽を提供しているところを想像してみてください」と言うと、すぐに契約を取りつけることができた。この視覚化のテクニックによって成約率が20パーセントから47パーセントにはね上がったのである。

●ふれあいを大切にする

お客様とふれあうことも小売店にとっては重要である。複数の研究で、販売員がお客様とふれあえばふれあうほど売り上げが伸びることがわかっている。

実際、販売員から積極的に声をかけると、お客様が何かを買う確率は高くなる。販売員と話をして試着をしたお客様は、何もしないお客様より買う確率が2倍高くなる。販売員と話をすることは、お客様に親近感を抱かせる効果があるのだ。

●**同意を求める**

説得力を高めるためには、相手が「イエス」と答えるような質問をすることが大切だ。たとえば、語尾を「～ですね」という形にして話しかけると、「イエス」という答えが返ってきやすい。

■ 雰囲気をつくる

相手が関わりやすいような雰囲気づくりをすることは重要である。次のさまざまな場所がかもし出す雰囲気について考えてみよう。

書店、商店街、レストラン、遊園地、スポーツ用品店、バー、骨董品店

それぞれの場所の性質は大きく異なっているが、一歩足を踏み入れれば、その場所特有の雰囲気をすぐに感じとることができるという点では一致している。

雰囲気には説得力があるのだ。たとえば、骨董品店は意図的に混沌とした雰囲気を

かもし出している。店内にさまざまな骨董品が所狭しと並べられていることによって、掘り出し物を見つけられそうな気分になる。

●音楽を活用する

音楽は雰囲気づくりの重要な一部分である。

デパートで音楽にさらされているお客は、そうでないお客より買い物時間が18パーセント長くなり、17パーセント多く買い物をする。買い物の種類によって、適している音楽のタイプとリズムは異なる。食料品店ではゆったりとしたテンポが最適で、ファストフード店ではアップテンポの音楽が適している。音楽の効果を発揮させるためには、音楽が強烈でなく、耳障りにならないよう配慮しなければならない。

●香りを活用する

香りは人々を関わらせるためによく使われている。「連想させる」の章で説明したのと同じく、嗅覚は他の感覚よりすばやく強烈に記憶を呼び起こすことがある。狙った雰囲気を出すために香りを活用する例は無数にある。

心をつかむ法則 10

関わってもらう

たとえば、ランジェリーブランドとして名高いヴィクトリアズシークレットは、お客様の女性的な感情を高めるためにポプリを使っている。また、ピザの店は焼きたてのピザの香りを使っている。

日本の鹿島建設は、生産性を高めるためにさまざまな香りを使っている。午前中は目をさまさせる作用のあるシトラス、午後は集中力を高める効果のある花の香り、昼食前と終業前にはリラックスできるように森の香りを使うといった具合だ。

●無料体験

人々を関わらせるもう1つの方法は、製品やサービスを無料体験する機会を提供することである。実際に使ってみると、それを使い続けたくなるものだ。ディーラーが新車の試乗を奨励するのは、そういう理由による。

ディーラーによっては、顧客に新車を2、3日無料で貸し出すことすらある。新車を乗り回したあとで、古い車のほうがいいと思う人がいるだろうか？　貸し出し期限が終わるころには、近所の人や職場の同僚から新車をほめられるために、その人はその製品に完全に関わりを持っている。

世界最大のインターネットサービス会社ＡＯＬ（アメリカオンライン）の成功の要因は、無料試用サービスにある。

多くの企業が、１か月の無料試用を提案している。１か月が経過すると、たとえその商品を使っていなくても、ほとんどの消費者はそれを手元に置いておこうとする。試用期間は所有権を体感させる機会であり、ほとんどの人はその所有権を放棄するのをいやがる。

それはまた、多くの企業が試用期間を提案している理由でもある。また、クレジットカード会社が最初の数か月だけ金利を引き下げて客を集めようとすることはよく知られているとおりだ。

無料体験の応用例は、他にもたくさんある。ＣＤショップでヘッドフォンを設置して好みの音楽を無料試聴させたり、書店で椅子に座って本や雑誌を読ませたり、無料で新築の見積もりをする、といったことがそうだ。

スリーエム社は無料体験によって大成功を収めた。

心をつかむ法則 10

関わってもらう

当初、ポストイットの付箋はあまり人気がなかった。スリーエム社が生産ラインを停止しようと考えていたとき、担当責任者が全米の優良企業500社にポストイットの付箋を送って試してもらった。その結果、「これほど便利なものはない」と評判になり、現在の大ヒットにつながったのだ。

企業が人々を関わらせて利益をあげる一つの方法は、感想文を書かせることだ。「この製品の～というところが気に入っています」というテーマの感想文コンテストはよく知られている。特定の製品に対する熱い思いを文章で表現させることは、企業が固定客をつくるうえでたいへん効果的な方法となる。

私たちは他人の考えより自分の考えを好む傾向があり、自分の考えだと認識したことには抵抗を感じにくいという事実を知っておくと、相手の心をつかむうえで大いに役立つ。

お客様に製品やサービスを勧めるときは、その人に自分の考えで選んでいると思わせるようにすることがカギになるのだ。

■相手の注意を引きつける

相手に関わってもらうためには、その人の注意を引きつけておかなければならないのは当然である。相手の注意を引きつけておくことができなければ、自分の提案を理解して受け入れてもらうチャンスを失ってしまうからだ。

相手の話を聞いているうちに注意力が散漫になりやすいことは、誰でも経験的に知っている。強制されないかぎり、かなり長い時間、一つのことに集中し続けることはできないものだ。

だが、心をつかむ達人は、相手の注意を引きつけるのがたいへんうまい。

相手の注意を最初から最後までずっと引きつけることはできないかもしれないが、相手の注意がそれたときにそれを引き戻せるかどうかが成否の分かれ目になるのだ。理想的には、相手の注意を引きつけて時間の経過を忘れさせることだ。

一部では、平均的な大人が注意力を維持できる時間は18分くらいと推測されている。しかも、複数の研究によると、年々その時間が短くなっているようだ。

心をつかむ法則 10
関わってもらう

その原因は、集中力を要求する環境が減っていることにあると言われている。注意力が維持できなければ退屈して、相手の言っていることを聞かなくなる。相手の心をつかむためには、工夫をこらしてその人を関わらせる必要がある。そのテクニックを紹介しよう。

- 質問を投げかける
- 驚くような発言をする
- 関係のある実例を使う
- アドバイスをする
- 自分の体を動かし続ける
- 必要以上に詳しい説明を避ける
- 自分の話を相手が理解していることを確認する

以上のテクニックは、相手の注意力が散漫になってきたときによく使われる。あなたも適切に使えば、散漫になってきた相手の注意力を引きつけることができる。

■ 質問をする

質問をすることは、心をつかむ達人がおそらく最も頻繁に使う技術だ。相手に質問を投げかければ、即座に関わってもらうことができるからだ。

質問は説得の過程でさまざまな役割を果たす。関わってもらうことのほかにも、たとえば、会話を方向づける、会話のペースを設定する、発言の要旨を明確にする、相手のニーズを見きわめる、といったことだ。

質問は、相手の脳に自動的に反応を引き起こす。私たちはみな、自分に投げかけられた質問に答えるようにしつけられているからだ。たとえ口に出して答えなかったとしても、頭の中ではそれについて考えてしまうはずだ。

そして、ほとんどの人は質問をされたらそれに協力しようとする。誰でも質問を無視して失礼な人間だとは思われたくない。

質問をすることは、相手の心をつかむうえでたいへん役に立つ。交渉に関する専門家ニール・ラカムとジョン・カーライルは、最高の交渉者になるための要素を発見するために数百人の交渉者を観察した。

その結果、優秀な交渉者は平凡な交渉者より2倍以上多くの質問をしていることがわかった。

では、よい質問をするにはどうすればいいか少し考察してみよう。

まず、最も簡単な質問から始めるのが無難だ。そうすることで相手を会話に引き込み、リラックスさせることができる。

また、込み入った話題ではなく一般的な話題から会話を始めよう。そうすることで相手に心の準備をさせることができ、具体的な質問に移行することがスムーズになる。

辣腕の弁護士は、証言台に立つ目撃者に影響力を行使するために巧妙な質問をする。

スタンフォード大学のエリザベス・ロフタス教授は、弁護士の質問の仕方が目撃証言にどういう影響を与えるかを調べた。自動車の玉突き事故をビデオで見た被験者を3つのグループに分け、次のように質問の仕方を変えてみた。

①「車が激突したとき、走行速度はどれくらいでしたか？」
②「車が衝突したとき、走行速度はどれくらいでしたか？」
③「車が接触したとき、走行速度はどれくらいでしたか？」

その結果、①のグループは時速約65キロ、②のグループは時速約55キロ、③のグループは時速約45キロと答えた。「激突」「衝突」「接触」と表現を変えるだけで、同じビデオを見た人たちから3通りの答えが返ってきたのである。

■ 諦めずに粘る

もしあなたがセールスに携わったことがあるなら、成功している営業マンほど粘り強いことを知っているはずだ。

営業マンとして成功する人は、契約が成立するまで粘り抜く。ほとんどの営業マンは1回か2回しか契約を求めないが、契約を成立させるためには平均して5回から6

関わってもらう

回は契約を求めなければならない。

「考えておきます」と言われても、それを信じてはいけない。私たちは忙しいから、すぐ忘れてしまう。粘り強く繰り返すことによって説得力が増すことを覚えておく必要がある。

心をつかむ達人は、「粘り強さ」と「しつこさ」の微妙な違いを感じ取ることができる。一般的な指針として、相手がほんの少しでも興味を示すようなら粘り強く契約を求めるべきだ。ほとんどの人に欠けているのは粘り強さだ。

粘り強さは訓練しだいで身につけることができる。カルヴィン・クーリッジ（第30代大統領）の言葉を紹介しよう。

成功者は常にかなりの粘り強さを持っているから、目標を達成するまであきらめない。粘り強さに取って代わるものは世の中にはない。才能は粘り強さに取って代わるものではない。才能があっても成功しない人はいくらでもいる。天才は粘り強さに取って代わるものではない。教育は粘り強さに取って代わるものではない。実際、十分な教育を受けたって成功していない人は山ほどいる。粘り強さと決意と努力が、成功者と失敗者の差を生むのだ。

あなたが提供しようとしている商品が相手にとって完璧な商品であり、その人もそう感じて買いたいと思っていても、「ノー」と言うことがある。人間というのは、そういうものなのだ。

しかし、心をつかむ達人は「ノー」という答えを受け入れない。自分が提供している商品が相手の探し求めている商品であることを確信すれば、心をつかむ達人は何度でも契約を求める。

説得とは、その人が必要としているものを手に入れさせることだ。敬意を持って粘り強く説得することによって初めて、それが可能になる。

■ 未完成な状態にする

人はみな、未知なるものに好奇心を抱く。これは、どの人にも共通する生まれつきの性質である。途中で終えられると気になり、話の結末を知りたくなる。

これはロシアの心理学者ブルマ・ツァイガルニクにちなんで「ツァイガルニック効果」と呼ばれる現象で、結論の出ていないものに強く興味を引かれる心理を指す。ツァイガルニック効果はテレビ番組でよく使われている。CMの直前にキャスターが「このあと、特ダネがあります」と言って、さわりの部分だけを紹介するのがそうだ。視聴者は続きを見たくてチャンネルをそのままにして待つ。

テレビの映画やドラマでも、視聴者をはらはらさせてCMを入れる。そうすることで視聴者を関わらせることができ、続きを見る動機づけになるからだ。

■ 競争心をかき立てる

競争心旺盛の人は多い。だから、何かを競争に仕立てると関わりたがる。たしかに、競争を避けたがる人がいることは事実だが、ほとんどの人は生まれつき競争心を持っている。

心をつかむ達人は、競争原理を導入することが相手にどういう影響をおよぼすかを把握していなければならない。組織の中で競争原理を導入すれば、さまざまな競争心をかき立てることができる。

最も効果的な方法は共通の敵に対してグループを一致団結させることだ。そうすれば、目標に向けてモチベーションが高まるし、チームワークも深まる。

この種の競争心をかき立てる最も手っ取り早い方法は、外部の脅威をつくり出すか、自分のグループを別のグループに対抗させることだ。


オクラホマ大学の研究者が、サマーキャンプで競争心の効用を調べた。

競争心をかき立てる雰囲気をつくり出すのはいとも簡単だった。少年たちを2つの小屋に分けるだけで、「自分たち対彼ら」という感情が湧き起こったのだ。さらに、綱引きなどの競技を取り入れることによって、2つのグループの競争心はより一層強く燃え上がった。

さらに研究者は、2つのグループの少年たちをおたがいにとって有益な目標のために協力させることができるかどうか実験した。研究者は、少年たちがおたがいに協力しなければ全員が損をし、協力しあえば全員が得をするような状況を設定したのである。すると、全員のための食料を運搬するトラックを立ち往生させたところ、すべての少年が協力してトラックの後ろを押したという。

■ 五感を使ってもらう

私たちはみな、生まれながらにして五感を備えている。そしてその一つひとつが世の中を理解するのに役立っている。相手を説得しようとするときは、相手の五感をすべて関わらせるべきだ。

この分野の権威として知られるデイヴィッド・ピープルズ博士によると、人々は学習するとき、75パーセントは視覚から、13パーセントは聴覚から、12パーセントは嗅覚、味覚、触覚から入ってくるという。心をつかむ達人になるためには、相手の最大の感覚は何かを見きわめる必要がある。

たとえば、強盗事件が発生したとき、視覚タイプの人なら、「鳥が空中で遊んでいるのを見ながら道を歩いていると、大柄な男が小柄な婦人を襲っているのを見かけました。私が近づくと、人相の悪いその男は財布を盗んで逃げ去りました」というような答え方をするだろう。

それに対し、聴覚タイプの人の場合、「鳥のさえずりを聞きながら道を歩いていると、助けを求める悲鳴が聞こえました。私が近づくにつれて叫び声はますます大きくなり、泥棒は走って逃げ去りました」というような答え方をするだろう。

さらに触覚タイプの人の場合、「道を歩いていると、のどにしこりができていることを感じ、何か悪いことが起こりそうな予感がしました。すると、突然、叫び声がしたので緊張しました。どうやら強盗事件が発生したようでしたが、私は何をしていいかわかりませんでした」

五感の中で最も説得力のある感覚は視覚である。ある研究では、プレゼンテーションでスライドやプロジェクターなどの視覚的な道具を使うと、そうでない場合に比べて説得力が43パーセント増すことがわかった。

視覚、聴覚、触覚について、最後に一言。相手がどのタイプかを判別する簡単な方法は、質問に答えるときの目の動きを観察することだ。断言はできないが、一般的な傾向として、質問に答えるときに上を見る人は視覚タイプ、横を見る人は聴覚タイプ、下を見る人は触覚タイプであることが多い。試してみると、この見分け方の正確さに驚くはずだ。

心をつかむ法則 10

関わってもらう

「関わってもらう」ための8つのポイント

1―参加してもらう
2―雰囲気をつくる
3―相手の注意を引きつける
4―質問をする
5―諦めずに粘る
6―未完成な状態にする
7―競争心をかき立てる
8―五感を使ってもらう

解説

ビジネスで成功をおさめ、幸せな人間関係を築くうえで、人の心をつかむことは欠かせない。心をつかむ法則は、権力と影響力を獲得し、巨富を築き、ビジネスを発展させるのに役立つ。要するに、人の心をつかむ者だけが世の中を動かすことができるのだ。

私は、著者のカート・モーテンセンと長年のつきあいである。彼は心をつかむ達人であり、本書で伝授しているすべての法則を身につけている。

心をつかむ法則に関して、これほど本格的で総合的な本は初めてだ。人間の行動に関する知識と、その応用の方法をこんなにわかりやすく説明した本は今までなかった。著者は豊富な実例と綿密な心理学・社会学の調査をもとに、洞察とウイットをまじえながら、知識と知恵と経験を熱っぽく伝授してくれている。

本書の数々のテクニックは、人生を好転させるために身につける必要のあるものばかりだ。私自身、こうした技術のおかげで巨富を築くことができた。さらに私は、何万人もの人々がこの技術をビジネスとプライベートに応用して人間関係を強化し、財を成し、仕事を軌道に乗せ、人生によい影響をおよぼすのを手伝ってきた。

心をつかむ法則を身につければ、あなたも大成功をおさめ、収入を2倍、3倍に増やすことができる。じつを言うと、私は本書の情報をもっと早く入手したかった。そうすれば、社会に出て数々の辛酸をなめながら人生の教訓を学ぶ必要はなかったと思う。

私はパートナーのベストセラー作家マーク・ハンセンと協力して、地域社会に貢献する優秀な億万長者を数多く育成する予定だ。彼らが財を成すために学ばなければならない最も重要な技術が、ここにある。

本書に説かれている数々の原理を応用すれば、あなたは人生を変えるほどの強い影響を受けることだろう。

ロバート・アレン（アメリカの講演家）

相手の心をつかんで離さない10の法則

発行日　2017年4月20日　第1刷

Author　カート・モーテンセン
Translator　弓場隆
Book Designer　krran（西垂水敦・坂川朱音）

Publication　株式会社ディスカヴァー・トゥエンティワン
〒102-0093　東京都千代田区平河町2-16-1 平河町森タワー11F
TEL　03-3237-8321（代表）
FAX　03-3237-8323
http://www.d21.co.jp

Publisher　干場弓子
Editor　藤田浩芳＋木下智尋

Marketing Group
Staff　小田孝文　井筒浩　千葉潤子　飯田智樹　佐藤昌幸　谷口奈緒美　西川なつか　古矢薫　原大士　蛯原昇　安永智洋　鍋田匠伴　榊原僚　佐竹祐哉　廣内悠理　梅本翔太　奥田千晶　田中姫菜　橋本莉奈　川島理　渡辺基志　庄司知世　谷中卓　小田木もも

Productive Group
Staff　千葉正幸　原典宏　林秀樹　三谷祐一　石橋和佳　大山聡子　大竹朝子　堀部直人　林拓馬　塔下太朗　松石悠

E-Business Group
Staff　松原史与志　中澤泰宏　中村郁子　伊東佑真　牧野類　伊藤光太郎

Global & Public Relations Group
Staff　郭迪　田中亜紀　杉田彰子　倉田華　鄧佩妍　李瑋玲　イエン・サムハマ

Operations & Accounting Group
Staff　山中麻吏　吉澤道子　小関勝則　池田望　福永友紀

Assistant Staff　俵敬子　町田加奈子　丸山香織　小林里美　井澤徳子　藤井多穂子　藤井かおり　葛目美枝子　伊藤香　常徳すみ　鈴木洋子　住田智佳子　内山典子　谷岡美代子　石橋佐知子　伊藤由美　押切芽生

Proofreader & DTP　朝日メディアインターナショナル株式会社
Printing　中央精版印刷株式会社

ISBN978-4-7993-2057-0